浙東學派溯源

何炳松　編著

貴州出版集團
貴州人民出版社

圖書在版編目（CIP）數據

浙東學派溯源 / 何炳松編著 . -- 貴陽 : 貴州人民出版社 , 2024. 9. -- ISBN 978-7-221-18625-6

Ⅰ . B244.995

中國國家版本館 CIP 數據核字第 202462P8W4 號

浙東學派溯源

何炳松　編著

出 版 人　朱文汛
責任編輯　馬文博
裝幀設計　采薇閣
責任印製　衆信科技

出版發行　貴州出版集團　貴州人民出版社
地　　址　貴陽市觀山湖區中天會展城會展東路 SOHO 辦公區 A 座
印　　刷　三河市金兆印刷裝訂有限公司
版　　次　2024 年 9 月第 1 版
印　　次　2024 年 9 月第 1 次印刷
開　　本　710 毫米 ×1000 毫米 1/16
印　　張　14.5
字　　數　87 千字
書　　號　ISBN 978-7-221-18625-6
定　　價　88.00 元

出版説明

《近代學術著作叢刊》選取近代學人學術著作共九十種，編例如次：

一、本叢刊遴選之近代學人均屬于晚清民國時期，卒于一九一二年以後，一九七五年之前。

二、本叢刊遴選之近代學術著作涵蓋哲學、語言文字學、文學、史學、政治學、社會學、目録學、藝術學、法學、生物學、建築學、地理學等，在相關學術領域均具有代表性，在學術研究方法上體現了新舊交融的時代特色。

三、本叢刊遴選之近代學術著作的文獻形態包括傳統古籍與現代排印本，爲避免重新排印時出錯，本叢刊據原本原貌影印出版。原書字體字號、排版格式均未作大的改變，原書之序跋、附注皆予保留。

四、本叢刊爲每種著作編排現代目録，保留原書頁碼。

五、少數學術著作原書内容有些許破損之處，编者以不改變版本内容爲前提，稍加修補，難以修復之處保留原貌。

六、原版書中個别錯訛之處，皆照原樣影印，未作修改。

由于叢刊規模較大，不足之處，懇請讀者不吝指正。

目録

國學小叢書

浙東學派溯源

何炳松編

國學小叢書

浙東學派溯源

編著者 何炳松
編輯主幹 王雲五

商務印書館發行

自序

當民國十七年的冬天，著者曾承上海中國公學史學會的邀請對於中國史學的演化作下述的講演：

吾國史學之發展大抵可分為三個時期：第一期自孔子作春秋以迄荀悅述漢紀，前後凡七百餘年，實為吾國史學上兩種主要體裁——編年與紀傳——由創造而達於成熟之時代。荀悅而後以迄於北宋末年，其間約千年，吾國史家除繼續發揮編年與紀傳二體外頗能致力於通史之編纂，然所謂通史乃史記式之通史，非吾人今日之通史也，故此期可稱為舊式通史之發揮時代。南宋之世實吾國學術融會貫通之一大時期。自古以來儒釋道三大宗門之思想至是皆始成系統，而儒家一派獨演化而成所謂浙東之史學以迄於現代。故此一期實為吾國史學形成派別並大有進步之時代。茲請略述三期史學演化之經過。

吾國純粹史籍之留存至今者當以孔子所作之春秋爲最古。以事繫日，以日繫時，實爲中西史籍最初之雛形，而編年一體遂成吾國史籍中開山之形式。孔子之後再過五百年而有司馬遷之史記。史記一書仿春秋而爲本紀，仿左傳而爲列傳，此外別創八書以紀載天文、地理及其他各種制度。其義例之精與取材之富實爲古今中外史籍之冠。自司馬遷創紀傳體之歷史而後，不特吾國之所謂正史永奉此體爲正宗，即吾國其他各種史裁如方志、傳記、史表等，亦莫不脫胎於史記。司馬遷之得以千古不朽，誠非無因。此後班固仿紀傳體而作漢書，荀悅仿春秋左傳而作漢紀，雖對於司馬遷與孔子所創之紀傳編年兩體略有變通，爲世人所稱道；然就大體而論，究覺因襲之處多而創作之處少。其他作者類皆陳陳相因，別無新見。唯編年與紀傳之二體則已日臻成熟之境矣。此爲吾國史學演化經過之第一期。

自荀悅而後以迄北宋之世，吾國史家一面繼續發揮編年與紀傳二體，一面頗能努力於通史之編纂。言其著者則有梁武帝之通史，司馬光之通鑑，鄭樵之通志，以及袁樞之紀事本末。凡此諸作之宗旨莫不在於貫通古今。然吾人試一考其內容，則通史與通志之作意在推翻班固之斷代而恢復史記之規模，司馬光之意則大體仿自荀悅，實欲融會紀傳體而反諸編年以規復左氏春秋之舊。故今存之通鑑與通志雖不失爲吾國史學上之名著，然大體仍未能脫春秋與史記之成規，與現代西洋學者所主張之綜合史相去仍甚遠也。唯此期中有劉知幾之史通，及袁樞之紀事本末兩書；前者對於吾國自古以來之編年與紀傳兩體下一詳盡周密之批評，隱爲吾國舊式之史學樹一完美圭臬；後者依據通鑑，別輯成書，因事命篇，首尾完具，其所得結果無意中與現代新史學上所謂主題研究法者不約而同，實爲吾國史籍中最得通意之著作。然就大體言，此第二期史學之演化，仍屬舊式通史之發揮，初無新法之創見也。

吾國學術思想至北宋末造經一番融貫之後，大起變化。儒釋道三家思想至此皆面目爲之一新，各成爲極有條理之派別。釋家思想經儒家之陶冶成爲陸王一派之心學，道家思想經儒家之陶冶成爲朱子一派之道學，而儒家本身則因程頤主張多識前言往行以蓄其德之故蔚成浙東之史學。故吾國學術至南宋而後成爲三大宗門，吾國史學亦至南宋而後始獨樹一幟，南宋之世實吾國文化史上最燦爛之時期也。

吾國南宋以前之史家雖亦不一而足，然史學之發展不成系統，具如上述；而且經史文三種學術往往混而不分。或輕史重文，成喧賓奪主之勢；或以經駕史，抱褒貶垂訓之觀。故學者之於史學或視同經學之附庸，或作爲文學之別子。史學本身幾無獨立之地位焉。自南宋以後，浙東史學大興，當時道學家至詆浙學爲知有史遷而不知有孔子，其盛極一時之情形，卽此可見。

初闢浙東史學之蠶叢者，實以程頤爲先導。程氏學說本以安與懷疑爲主，此與史學之根本原理最爲相近。加以程氏教人多讀古書，多識前言往行，並實行所知，此實由經入史之樞紐。傳其學者多爲浙東人。故程氏雖非浙人，而浙學實淵源於程氏。浙東人之傳程學者有永嘉之周行己、鄭伯熊、及金華之呂祖謙、陳亮等，實創浙東永嘉、金華兩派之史學，卽朱熹所目爲「功利之學」者也。金華一派又由呂祖儉傳入寧波，而有王應麟、胡三省等史學之輩出，金華本支則曾因由史入文，現中衰之象。至明初宋濂、王禕、方孝孺諸人出，一時乃爲之復振。唯浙學之初興也蓋由經入史，及其衰也又往往由史入文。故浙東史學自南宋以至明初，即因經史文之轉變而日就衰落。此爲浙東史學發展之第一個時期。

迨明代末年，浙東紹興又有劉宗周其人者出「左袒非朱，右袒非陸，」其學說一以慎獨爲宗，實遠紹程氏之無妄，遂開浙東史學中興之新局。故劉宗周在吾國史學史上之地位實與程頤同爲由經入史之開山。其門人黃宗羲承其衣缽而加以發揮，遂蔚成清代寧波萬斯同、全祖望及紹興邵廷采、章學誠等之兩大史學系；前者有學術史之創作，後者有新通史之主張，其態度之謹嚴與立論之精當，方之現代西洋新史學家之識解，實足競爽。此爲浙東史學發展之第二個時期。

唯浙東史學第一期之初盛也其途徑乃由經而史。及其衰也乃由史而文。第二期演化之經過亦復如是，今人之以文學眼光估計全氏之宋元學案及章氏之文史通義者，不一其人，即其明證。此殆因吾國史籍過於繁重，科學方法又未盛行，遂致研究歷史者或陳陳相因不能有所發明，或避重就輕退而專意於文學。浙東史學之盛極難繼，蓋非偶然矣。

著者在這個演講中發表幾個大膽的主張：第一、就是認定南宋以後，我國的學術思想還是有三個系統，由佛家思想脫胎出來的陸九淵一派心學，由道家思想脫胎出來的朱熹一派道學，和承繼儒家正宗思想而轉入史學研究的程頤一派。第二、就是認定南宋以後程頤一派的學說流入浙東，演化而成爲所謂前期的浙東史學。

上面這兩個大膽的主張，好像向來沒有人發表過。因爲我國學者好像到如今還是認南宋以來我國的學術思想祇有兩大派：就是程朱一派的道學，和陸王一派的心學。他們好像認道學爲儒家學說的冠冕，把道學去包括儒學；至於眞正純粹的儒家反被他們降到第二流的地位，在正史上祇佔了區區的儒林一門，幾乎和尋常的文學家沒有分別。至於程朱兩人的學說，他們更認爲完全是一脈相傳；即使朱氏的學說果然和程氏不同，他們亦認爲這是朱氏的青出於藍，並不是根本上兩人異派。

其次、我國學者好像到如今還沒有認識南宋以來我國歷史上所謂「永嘉學派」或「金華學派」究竟是一些什麼東西。從前人幾乎把他看做邪說，現代人雖然能夠賞識他，把他的地位提得很高，認爲我國學術史上最有光彩的一派，但是他們好像始終把他認做突起的蒼頭，好像佛經中所謂曇花一樣，來無蹤，去無跡，一現之後，便長逝了。

著者研究之後，卻獨持異議，發表他那大膽的主張。他竟大膽的把南宋以來我國學術思想祇有程朱和陸王兩派的說法完全推翻，主張南宋以來我國的學術思想還是上承北宋以前儒道佛三家之舊，演成程朱王的三大派。並且因此竟大膽的把程朱兩人同屬一派的說法根本打倒，把兩人的思想加以分析，表明他們的思想根本不同。著者又大膽的認程氏的學說爲南宋以來儒家思想的正宗，並且認浙東的學派就是程氏學說的主流，而程氏實爲浙東學派的宗主。

以上種種主張都是著者在民國十七年冬日研究宋元學術思想後所得到的愚見。這種愚見是否正確無誤，著者自己不知道。因爲著者後來曾經發表過一篇討論程朱同異的文字，經過多年還不曾得到國內同志的指教。換句話說，著者大膽的主張到如今還沒有人發生過異議。因此著者不但敢發表他的主張，而且近年來研究明末劉宗周的學說以後，似乎覺得自己的主張很富有成立的可能性。

著者所以要研究這一段中國學術史本有他的動機。當民國十七年時，他很想立志去述一部「中國史學史。」當時他想研究中國史學史北宋以前的一段是比較簡單而容易，南宋以來的一段卻就茫無頭緒了，因此他就先去研究南宋末年浙東諸家的學說，同時並亦研究程朱陸三家的學說。著者當時看見浙東諸家學說的粹然一出於正，但是竟不能幸免朱熹的痛罵，他就大爲驚異了。後來他又看見浙東諸家的學說幾乎全是由程氏方面傳來，他更是驚異了。因此他的研究興趣驟然提高許多，而且更進一步去研究程朱兩人學說的同異。結果就做成前面所說的那篇辨異的文字，同時並在中國公學發表了前面所述的那篇講演。

著者的愚見以爲我們要研究中國史學史必須研究中國學術思想史，要研究中國學術思想史必須研究浙東學術史；要研究浙東學術史，必須追溯浙東學說的淵源。著者因爲要溯浙東學術的淵源，發見了一件程氏爲浙東開山始祖的史實。又因爲要溯浙東學說的淵源不能不旁究同時的朱氏，因此又發見了一件朱氏學說和浙東水火的史實，更因此而發見了一個程朱學說根本不同的史實。從此再追溯上去，發見了一件南宋以來我國的學術思想實在是程朱陸三分鼎足的史實。於是再根據西洋史家所謂「歷史繼續性」的原則略略去追溯北宋以前我國儒道釋三家的源流，得到了一個我國自古以來各派學術思想流派的大概。著者現在把他那溯源所得的種種史實，用筆詳述下來，供獻給國內研究學術史的人做一種可能的參考和討論的根據。

當著者還在研究這個問題時，曾經把這個問題的各方面提出來和胡適之、胡樸安、王伯祥、周予同、傅緯平、姚名達幾位先生再三討論過，承他們指正了諸多錯誤；著者非常感激他們。周予同和姚名達兩位先生很熱心的供給他許多有價值的材料和旁證，尤其有功於這本小書的完成。不過著者近年來職務很忙，讀書的工夫實在不多。他在本書中所發見的種種史實，雖然不免涓涓自喜，認為一得之愚大膽出版；但是究竟這是一得還是一失，他自己實在不敢放心，始終希望國內學者能夠給他一個批評的判斷。

著者民國二十一年九月十一日

浙東學派溯源

目次

浙東學派溯源

第一章　緒論

第一節　浙東學派和程朱分家的關係

學術思想史的重要　我們要研究中國文化史，應該先去研究中國學術思想演化的經過。因為學術思想是民族文化的精華，所以學術思想的研究，在史學上實在是一種畫龍點睛的工作，非常重要。英國大哲學家培根（Francis Bacon）曾經說過：

『現在雖然有人研究各種自然現象、政治和宗教；但是總沒有人能夠專心去描述自古以來一般學術的狀況。世界史上沒有這一種東西，就同沒有眼睛的「獨目怪」（Poly Phe-mus）一樣。因此，那最足以表現人類精神和生活的那一部分就缺少了。我知道現在各種科學，如法律、算學、修詞學、哲學等，常常提到學派、著作家、和各種著作物；而且亦提到美術的發明和各種習慣的關係。但是一種平允的學術思想史，包括思想和思想派別的古風和起源，他們的發明、習慣、發展、反抗、衰替、消沉、埋沒、移轉；他們的起因和理由和所有自古以來關於學術的一切事實；我可以說到如今還是沒有。』（何譯新史學思想史的回顧）

培根的意思就是說學術思想史的研究為文化史研究上一種必不可少的東西，而且研究學術思想時，應注意他們的沿革。這個主張凡是研究歷史的人當然都承認是不錯的。著者所以要追溯浙東學派的起源，本意亦就在此。

浙東學派的溯源　「浙東學派」在我國近代史上實在是很有光彩的一個學派。因為這一派學者大都是史學家，講究經濟，最切實用，和道佛兩家的玄談大不相同；實在值得我們去研究一下。但是這一派學說的淵源從何而來，中堅人物是那幾個，風聲所樹在什麼地方，好像到如今還沒有人去詳細研究過。這不能不說是我國學術史上一個缺憾。

本書的目的　本書的目的祇在追溯浙東學派的起源，所以祇敘述到浙東學說成立時為止，對於浙東學派怎樣流傳下去的情形，暫不去敍述他，因爲這是應該歸入浙東史學史的範圍。因爲這本書既然重在溯源，所以我們不能不由浙東諸家追溯到程頤，不能不追溯程頤和朱熹兩人學說的師承和同異，不能不追溯南宋以來我國一般學術思想的流別，不能不追溯北宋以前我國學術思想的起源和流別。

溯源上的重要問題　在這種溯源的研究中，要以南宋以來的流別，和浙東學派源自程頤兩個問題爲最重要而且困難。因爲這兩個問題好像向來沒有人加以注意和解決過。但是這兩個問題能否解決，要以程朱學說是否不屬一家的主張能否成立爲前提。因此著者在這本書中就不能不把這一個前提加以詳盡的敍述和充分的說明。我們必先能證實程朱是兩家，纔能證實南宋以來我國的學術思想確是依舊三家。亦必如此，才能證實程頤這個人確是浙東學派的開山，而且並可因此了解朱熹一派何以要盡力排斥浙東的學說。

本書的內容　著者研究這個問題時，他的步驟雖然是由今溯古；但是敍述時卻不能不由古及今。所以本書的內容先述我國北宋以前儒道佛三家學術思想的起源和流別，繼述程朱兩人思想的異同，再述南宋以後儒道佛三家學術思想的轉變，最後乃述程頤學說的入浙和浙東學派的突起。

第二節　北宋以前中國學術思想的演變

中國學術史上的三大家　我們在討論浙東學派的起源問題以前，不能不先討論程朱分家的問題，更不能不先把北宋以前我國學術思想演化的情形大略首先敍述一下。南宋的陸九淵曾經說過：

『大抵學術有說有實：儒者有儒者之說，老氏有老氏之說，釋氏有釋氏之說。天下之學術衆矣，而大門則此三家也。』（象山全集卷二與王順伯）

陸氏此地一口認定中國的學術不出儒道佛三家，這是很合事實的一句話。我們就歷史上看來，儒道佛三家鼎峙的局面不但在北宋以前是如此，就在南宋以後亦是如此；不但在中國的思想上是如此，就在文化上亦是如此。總而言之：儒道佛三家既是中國學術思想上三個最大的潮流，亦是中國文化上三個主要的元素。

中國學術史上兩大時期　著者的愚見以為我國的學術思想雖然經過許多變化，但是就大體上說，可以分為兩個大時期而以北宋末年為樞紐。第一期從上古到北宋末葉為中國三大思潮起源和擴充的時代，情形比較的混亂而且不成統系。第二期從南宋到現在為中國三大思潮經過北宋末年一番融化之後進於成熟的時代，從此流別統系都是非常的分明，宋元學案和明儒學案一類著作有出版的可能就是一個極好的證據。不過我國的學術思想在西洋科學沒有輸入以前無論怎樣變法總跳不出儒道佛三家的窠臼。

三家思想的起源　我國學術思想的起源要以儒家為最古，春秋末年的孔子就是這一派的開國元勳。後來經過戰國時代孟子荀子諸人的發揮乃演成我國歷史上第一個最重要的學派，這就是所謂儒家。至於道家思想的起源比較的複雜多了。大概的說，原始的道家思想比較的高深相傳發軔於和孔子同時的老子。但是後世所謂道家除仍舊崇奉老子莊子一班人做他們的祖師以外，並亦參有許多我國原始的迷信如白日飛昇和陰陽五行等等無根的玄理。這一派道家是戰國末年一班燕齊方士所創造出來的道家，他們的理論可以說是集原始道家和陰陽家的大成，在我國的士人階級中很佔勢力。此外還有東漢以來的道教，他是由道家玄理中演化出來的一種具有宗教形式的迷信，在我國的下級社會中具有極濃厚的勢力。不過所謂道家雖然有原始的道家，方士所創的道家，和道教的道士三種不同團體；但是他們的基本信條卻是大同而小異，這就是一方面把老莊的無爲主義附會成功一種養心和修煉的功夫，一方面又把陰陽五行的玄談發揮成功一種貫通宇宙間萬事萬物的哲理。至於本文中所謂道家大致是指方士所創的那一派，不是指原始的道家或者道教中的道士。至於印度釋迦牟尼所創的佛教雖然起源亦是很早，差不多和孔子同時；但是我國的佛教卻是直到東漢初年方才傳入國中。此後逐漸發展，不但成爲我國社會上一個主要的宗教，而且成爲我國學術思想上一個主要的學派。自從佛教傳入中國以後，我國的一般文化上就成一個三家鼎峙的局面，這個局面直到現代西洋科學輸入之後方才露出破綻，根本動搖。

三家思想的演化和相互關係　自從儒道佛三家在我國的文化上形成鼎足三分的局面以後，我國的學術思想史就產出許多五光十色或者亦可以說是烏煙瘴氣的陳跡。但是在這種雜亂無章的事蹟中我們可以尋出兩條線索來：一是三家本身的發展和內鬨，一是三家相互間的化合和排擠。這種化合和排擠一直到了北宋末年方才告了一個相當的總結束。從此以後，儒士道士同和尚雖然仍舊各能維持他們自己在我國文化上的地位和勢力，但是有一部分的道士同和尚已經是脫去了道佛的外褂，穿上了儒家的衣服。這兩派就是著者所說的「儒化」的道家和「儒化」的佛家。純粹的道士同和尚本來涇渭分明用不着我們再去討論，我們應該注意辨別的就是南宋以後那班貌似儒家的道士同和尚怎樣的混入儒家門戶做出喧賓奪主的把戲。我們現在先來敍述北宋以前三家發展和化合的情形。

儒家思想的演化　儒家的學說重在綱常很有利於我國古代帝王專制的社會。所以經過西漢初年六十年間朝廷竭力提倡之後，到了漢武帝時儒家就定於一尊變成一種國教相似的東西。自從西漢末年以後，儒家自身對於經書忽然發生一種所謂今古文的爭執。雙方家法森嚴，辨論熱烈，直到東漢末年才有人把他們糅合起來。兩家同異的問題雖然始終不曾解決但是兩家的爭鬬卻從此漸告平息了。南宋諸賢的講學所以能夠不再踏漢人的覆轍和「宋學」所以和「漢學」

不同，原因就都在此。這不能不說是我國學術思想史上一個空前的進步。

道家思想的演化 至於原始道家的思想本以反儒爲主，所以重在無爲而治返諸自然。這種高深的思想大概亦起源於春秋末年，老子和莊子就是傳說中的創始者。到了戰國末年燕齊各地忽然出了一大批的方士，他們一方面拉攏老莊這班人來做他們的領袖，一方面又採取我國原始的迷信大唱神仙和陰陽五行等等淺陋的哲學。因此秦漢以後的道家和戰國以前的原始道家面目已經完全不同了，很有點集我國儒家以外所有一切玄談和迷信之大成的神氣。司馬談在西漢初年時說道家能夠『因陰陽之大順，采儒墨之善，撮名法之要，』(史記自序)恐怕並不是誇大的話。後來又經漢武帝的提倡，勢力更加擴大，就此和儒家成一種平分天下的局面。到了東漢初年張道陵出來把道家的玄談差不多完全「迷信化」了，甚至老子的面上亦把他蒙上一層很厚的迷信之幕叫他爲太上老君；同時亦把一部分的道家變成一種宗教的信徒去迎合我國下級社會的心理。這就是我國道教的起源。從此我國的歷史上新添了一個「國產」的宗教流行於下級社會中。

佛家思想的演化 至於佛教原來創始於印度。我國人雖然自從漢武帝通西域以來就已經知道他，但是直到東漢末年才開始努力於佛經的介紹。後來因為我國當時既然有兩晉以來那種崇尚虛無的風氣，又經過五胡亂華時代的干戈擾攘人心厭亂，所以佛教中那種色卽是空大慈大悲的說法很合當時人的心理。佛教的勢力因此逐漸發展，經過南北朝而到了唐代，竟達到極盛的地位。不但教義到此大明，就是宗派亦到此大備了。從此我國文化上除儒道兩家以外並再加上一個佛家，成一個三分天下的新局面。以上所述的就是三家本身在北宋以前發展的情形。

三家思想的化合和排擠　至於在北宋以前儒道佛三家間互相化合和排擠的情形，我們可以引日本境野哲所說的幾句極其精警極其簡括的話來說明他：

「道教與佛教類似之處頗多，故其間爭論亦烈；同時亦有相近之傾向。儒家與佛教之性質相去較遠，儒為世間法可稱政治學，佛為出世間法屬於宗教；範圍不同，故其爭較少。」蔣維喬中國佛教史卷三第十六章

他這幾句話實在是很和事實相符，我們現在應該把三家學說不同的地方和三家互相化合排擠的情形大略敍述一下來證明境野哲所說的話實在不錯。

十

三家學說的同異　我們為便利讀者起見在此地先把三家學說同異的地方懸空的大概的說明一下。我們倘使借用「尊德性」和「道問學」兩句話來代表三家學說的概要，那末著者的愚見以為儒家所注重的在道問學；佛家所注重的在尊德性；而道家則自命為兩方面都能兼顧的人，不過稍偏於尊德性的一方面表明他自己能夠格外顧到根本的部分。我們在此地有兩點可以注意：第一就是儒佛兩家同以一元論為立脚點，而道家則好像是能夠集兩家的大成。第二就是當三家互相爭論的時候，要以道家的二元論最為有利。這是因為他所處的地位是一個「首鼠兩端」的地位：一方面可以責備儒家只知道道問學而不知道尊德性；一方面又可以責備佛家只知道尊德性而不知道道問學；至於他自己則獨享一種左右逢源頭頭是道的快樂。因此我國的一般學者對於道家往往誤為能夠「致廣大，盡精微，綜羅百代」；而對於其他兩家則反誤為「各得一偏」和同流合污。其實這都是未加細考的論調。我們用現代人的眼光看來，在實際的人生哲學上，道家這種依違兩可的態度是否遠勝儒佛兩家的那種斬截的工夫，正大有討論的餘地。不過這是關於三家學說的估價問題，不在這篇文章的範圍之內，所以我們只好不提。但是無論如何，南宋以後的道家竟以集大成的資格位在「儒林」之上，這在儒家眼中看來當然要發出出主入奴的悲感了。關於三家的異同我們在後面還要詳細的討論，此地不過大略的先提一下。

三家相互關係的概況　至於三家間互相化合的程度要以道家和其他二家間爲最高，而以儒佛兩家間爲最低。這是因爲道儒並存的年代比較最久，道佛兩家的教義比較最近的緣故。至於儒佛兩家一是入世一是出世，涇渭分明，當然無從同化了。其次，三家間互相排擠的程度要以道佛兩家間爲最高而以儒家和其他兩家間爲最低；這是因爲道佛兩家的學說既然相去較近，兩方當然都要各出死力來爭那幾微毫髮的異同。至於儒道兩家同是「國產」，久已同化而且久已相安；儒佛兩家既然涇渭分明，當然亦就無所用其爭了。我國反佛的儒家所以只有韓愈和歐陽修兩個人，（楊時說佛入中國千餘年祇韓歐二人立得定耳見宋元學案卷四廬陵學案序）程頤這派中人所以「不排釋老，」理由都是如此。（呂祖謙召集鵝湖之會調和朱陸異同亦就是儒家正宗態度的表現）

就上面所述的看來，那末儒道佛三家間的關係可以縮成三個小主題去討論：他儒道間的同化，道佛間的同化，道佛間的排擠。我們依次敍述如下。

儒道兩家的同化　儒道間的同化自從道家出世以來就已開始。戰國末年的呂氏春秋，西漢初年的淮南子，韓詩外傳，春秋繁露這類名著都是融合儒道兩家的作品。其他如論語禮記等聖經中亦竟參入道家的議論而大多數人竟深信不疑，（南宋的陸九淵和清初崔述等都已見到這一點）尤足證兩家同化程度之高。西漢末年出現的緯書竟想把儒家全部的經典「道化」了。從此以後，道家的陰陽五行說在儒家的著作中差不多和三綱五常等觀念佔有同等的地位。到了北宋末年太極圖說成立之後，道家的勢力幾乎把儒家完全壓倒了。因此就產出了一班著者所說的「儒化」的道家。

道佛兩家的同化　至於道佛間的同化情形，除道士們的唪誦經典建築寺觀和各種禮拜儀式等恐怕大體都是模仿佛家以外，恐怕要以六朝以來佛教的禪宗一派最足代表兩家的融和。這是因為道家的「無極」和「太極」本已和佛家的「空」和「有」意義相同，而道家的白日飛昇又和佛家的立地成佛相近的緣故。所以禪宗這一派恐怕是佛道兩家的化合物，決不是儒佛兩家的化合物，這一點我們應該注意。

道佛兩家的排擠　至於道佛兩家的互相排擠非常顯著而且非常激烈。簡單的說：道佛兩種教徒間的爭執自從佛教傳入我國時就已開始。相傳東漢永平十四年有五嶽道士和印度來的沙門鬬法的事情，這當然是不可信。但是兩家的學說相去既微，要想並存，非死力相爭不可，這是可想而知的了。因此在我國的佛教史上有所謂「三武一宗之厄」，就是北魏太武帝，北周武帝，唐武宗和後周世宗等四次的排佛；而三武的排佛完全出於道家的運動。雙方肉搏死鬬的激烈就此可見一斑。但是因爲佛教的勢力日興月盛之故，所以道家始終沒奈何他。

折衷派　三家間互相化合和互相排擠的情形，我們已經簡單的說明了。此外還有一派所謂三家折衷者不能不附帶的敍述一下。主張三家合一的人在傳說中要以東漢末年牟子的理惑論爲最早。北宋的契嵩亦以沙門的地位大唱佛儒一家的議論。不過我們知道三家的哲學雖然是大同小異，但是古今來各派哲學家的斷斷相爭不肯相下，往往就在這種地方。儒道佛三家所以永遠不能混而爲一，理由就是在此。以上所述的都是我國北宋以前三家間化合和排擠的情形。

北宋以前和南宋以後三家學說的變化　不過北宋以前的三家雖然經過長期的化合和排擠，但是各家的壁壘好像始終都是非常的森嚴，各家的畛域亦好像始終都是非常的劃定。所以他們自己的本身雖然各有一種相當的進步但是在我國學術思想的全局上並不曾發生什麼很大的變動。到了北宋末年以後，情形卻大不相同了。儒道釋三家的學說經過北宋末年幾個大賢的融化工夫以後，發生一種很大的變化。此後除道佛兩家仍舊繼續的存在外，我國的學術思想史上更產出兩派儒衣儒冠的道家和佛家，混進儒家的大門，幾乎成一種喧賓奪主的形勢。因此南宋以後的儒家方面又有一種嶄新門戶的發生。這種門戶在表面上好像還是儒家自身的問題，但是實際上確仍舊是三家的同異。北宋以前和南宋以後我國學術思想的不同就在於北宋以前的局面是三家間的明爭，南宋以後的局面是三家間的明爭以外，還有一種三家都隱身於儒家幕下的暗鬬。這不能不說是我國學術思想史上一個大變化。只可惜他們所努力奮鬬的還是跳不出三家的老圈套。就中只有儒家一派能夠轉入史學比較的有一種相當進步；其餘兩家在我國的思想史上好像除改穿儒裝以外並沒有多大的新貢獻。這是在故紙堆中大翻筋斗的必然的結果。我們現代的中國人應該怎樣趕快跳出三家的圈套，努力去做介紹西洋新科學的工作呵！

第三節　南宋以後的學派和程朱分家的關係

南宋以後的學派問題　北宋以前儒道佛三家思想的分合情形我們在上面已經大略敍述過了。南宋以後又怎樣呢？果然只剩下了朱陸兩家麼？著者的愚見以爲我國古來的三家思想雖然經過北宋幾位特出的學者加以融會加以發揮，但是結果還是三家鼎立，不過面目不同罷了。朱陸兩家學說的不同，那是無疑的了。陸氏可以代表佛家，那亦是無疑的了。朱氏又代表那一家呢？儒家麼？道家麼？儒道兩家麼？這實在是一個重要的問題，值得我們去研究。

儒林之草昧　北宋末年那一個短時代實在是我國學術思想史上一個很重要的樞紐。因爲我國的學術思想在北宋以前，雖然早已三家鼎立，但是混亂複雜不成統系。紀昀曾經說過：

『王開祖以上諸儒，皆在濂洛未出以前，其學在於修己治人，無所謂理氣心性之微妙也。其說不過誦法聖人，未嘗別尊一先生號召天下也。中惟王通師弟私相標榜，而亦尚無門戶相攻之事。今倂錄之以見儒家之初軌與其漸變之萌蘗焉。』（四庫全書總目子部儒家類案語）

北宋以前我國的學術思想雖然非常發達，但是確沒有什麼顯著的派別。到了北宋中葉忽然有幾個大儒出世。黃震說：

『宋興八十年，安定胡先生，泰山孫先生，徂徠石先生始以師道明正學。繼而濂洛興矣。故本朝理學雖至伊洛而精，實自三先生而始。』宋元學案卷二泰山學案黃百家案語引

這三個人就是全祖望所謂『濂洛之前茅，』而北宋眞仁二宗之際亦就是全氏所謂『儒林之草昧。』鮚埼亭集外編卷十六慶曆五先生書院記 他們出世之後『相與講明正學，自拔於塵俗之中。』於是學校遍於四方，師儒之道以立。不久邵雍、周敦頤、程灝、程頤、張載五個大儒並時而生，而且都知交相好。一時我國的學術思想上發出雲蒸霞蔚的現象。所以後代人稱這五個人的出世爲聚奎之占的奇驗。這前後八個大儒的講學時代就是我國學術思想從北宋以前第一期轉入南宋以後第二期的一個繼往開來的時代。

門戶的起源　自從有了這個繼往開來的時代，我國的學術思想史上才有所謂門戶。紀昀說：

『宋人談道學宗派自朱熹伊雒淵源錄始，而宋人分道學門戶亦自此書始。厥後聲氣攀援，轉相依附。其君子各執意見，或釀爲水火之爭；其小人假借因緣，或無所不至。』四庫全書總目史部傳記類朱熹伊雒淵源錄提要

「紀氏此地對於南宋以後的門戶表示不滿雖然亦有相當的理由，但是在我們現代人的眼中看來，各派思想從此自成流別，不能不說是我國學術史上一個絕大的進步。

南宋以後的三家　著者曾經在上面提及過，他的愚見以為我國的學術思想在北宋以前固然是三家，在南宋以後亦還是三家。不過其中道佛兩家除仍舊有道士和和尚各做他們的代表外，更加上兩個貌異心同的同志：這就是貌似儒家的道家和貌似儒家的佛家。著者不免有點輕薄，叫前一派為「儒化」的道家，後一派為「儒化」的佛家。所以南宋以後的門戶在外貌上好像是儒家自身紛爭，實際上仍舊是三家間的同異。

三家的領袖　著者的愚見又以為南宋以後「儒化」的道家領袖要推朱熹，「儒化」的佛家領袖要推陸九淵。而儒家的正宗領袖，著者的愚見獨要推出北宋末年的程頤這個人。但是我們既然知道自從南宋以來大家都承認程朱兩人同屬一派，那末我們在斷定程氏為儒家的正宗領袖之先，不能不先證實他和朱氏果然不是一家。因此程朱分家的研究在著者個人的眼中看來差不多是我國南宋以來學術思想上一個很有關係的問題，值得我們的注意。以上所說的話目的就在說明程朱分家的問題在我國第二期的學術思想史上佔有何等的地位。

第四節　過去的程朱分家論

程朱一家說　我國南宋以來的學者雖然亦偶然有見到程朱兩人不屬一家的人，但是直到如今大家還是公認這兩個人爲同屬一派。其實程朱一家的說法起源極早。和朱氏同時的陸九淵就曾經說過下面這兩句話：

『元晦似伊川，欽夫似明道。』（象山全集卷三十四語錄）

同時的王淮亦說：

『朱爲程學，陳爲蘇學。』（宋元學案卷五十六龍川學案附錄）

南宋末年的周密亦說：

『朱氏主程而抑蘇。』（宋元學案卷九十七附晚宋詆詈諸儒者）

陸九淵和王淮都是朱氏的同輩而且相知都是很深。他們既然認程朱爲一家，那就無怪周密以來都有這種誤會了。從此以後，程朱一家四個字差不多已經成爲我國學術思想史上一個鐵案。著者這一篇文章就想把這一個鐵案推翻。

程朱的師承　我們在討論兩人學說的本身以前，有兩點應該預先敘述一下：第一，他們兩人的師承完全不同。程氏的學說大都出於胡瑗和他的哥哥程灝。至於邵雍的數學，周敦頤的太極圖，和張載的性氣二元論，程氏都絕口不談。至於朱氏生平所最傾倒的而且亦最主張的就偏是上面這幾位的學說；而他對於胡瑗反獨不佩服。他說：

「安定之傳蓋不出於章句誦說，較之近世高明自得之學，其效遠不相逮。」薛季宣浪語集卷二十三

這可見程朱兩人的師承不但不同，而且相反。

其次，朱氏自己亦曾經表示過和程氏意見不同的話。他說：

「伊川之學於大體上瑩徹，於小小節目上猶有疏處。」朱子全書卷二十三

他又說：

「某說大處自與伊川合，小處卻時有意見不同。」同上

我們在上面已經說過，古今來哲學家在所必爭的就在這種「小小節目」上，而學派的畛域亦就

以這種『小小節目』來做他們的鴻溝。這是朱氏自己口中表示和程氏不同的又一點。不過我們決不能單靠這兩點來證實他們學說的不同。我們要斷定這個問題非從兩人學說的本身入手不可。這就是著者所以要做這篇文章的主因。

程朱分家論的發起人　至於見到程朱不同這一點的人，著者卻不是一個「戎首」。明末的劉宗周、清初的黃宗羲、紀昀、和清末的皮錫瑞這幾個人都已經提出過幾個小小的問題。明代的汪俊對於程朱不同這個問題尤其有相當的研究。他對心性、理氣、性情、中和、形上形下、已發未發等等問題，都能夠辨明程朱兩人的見解實在不同。所以有人問他：

『子亦求異於朱子乎？』

他回答說：

『非敢爲異也，將求同於程子耳。』

汪氏這種見解確是有點特異，所以黃宗羲讚美他能夠『不苟同如此。』（明儒學案卷四十八諸儒中）著者這篇文章雖然或比汪氏爲周密，但是我們倘使要追溯程朱分家論的源流卻不能不公推汪氏來做我們的先進。

學術思想研究上應該注意的兩點　著者在討論本題之先還有幾句要特別聲明的話。我們研究學術思想史很有幾個不容易避免的困難。第一就是容易踏進「門戶」持論不公。紀昀嘗說：

『門戶深閎者大抵以異同爲愛憎，以愛憎爲是非，不必盡協於公道也。』（四庫全書總目史部傳記類存目孫承澤益智錄提要）

陸九淵亦說：

『後世言學者須要立箇門戶。此理所在安有門戶可立？學者又要各護門戶，此尤鄙陋。』（象山全集卷三十四語錄）

所以『宋儒好附門牆，明儒喜爭同異，語錄學案，動輒災梨，』大爲清初漢學家所不滿。我們倘使還要加入門戶，那我要犯紀昀所說『是率天下而鬬也，於學問何有焉』（四庫全書總目子部儒家類四案語）的毛病。這是研究學術思想史時持論容易不公的第一個困難。

其次就是我們後代人要論定古人，必須自己先要有相當的資格。所以紀昀說：

『有朱子之學識而後可定程子門人之得失。』四庫全書總目史部傳記類存目張伯行伊雒淵源續錄提要我們倘使輕易下筆，那就要犯朱熹所說的『只以自家所見道理爲是，不知卻元來未到他地位而便以己意輕肆詆排也』朱子全書卷五十三答陸子美的毛病。可見我們後代人要妄議前輩實在有點冒險。這是研究學術思想史時對於古人不容易心知其意的又一個困難。

困難的解決　不過著者的愚見以爲我們加入門戶是一件事，我們研究門戶又是一件事。在現代科學大昌的時代而還要加入門戶，那當然是一種開倒車的辦法，大可不必的了。至於在現代而研究門戶，那卻是我們研究歷史者應享的權利，亦是應負的責任。所以我們只要能夠辦到『議論得失惟其言不惟其人，』那就不必和清代的漢學家一樣，一旦聽到「宋學」兩個字就立刻現出「談虎色變」的神氣。

至於我們有沒有資格去論定古人，這卻難說了。不過朱熹曾說：

『凡看文字，諸家說異同處最可觀。』朱子全書卷五十五

這恐怕是研究思想史者大家常常感到的一種誘惑。著者研究這個問題的興趣原來就是這樣引

起來的。倘使讀者果然認著者爲沒有研究這個問題的資格，或者認這篇文章爲沒有一讀的價值，那末著者只有向南宋的陳傅良借下面這幾句話來替他自己解嘲：

『此劣弟愚陋之見。如兩家元不是如此，則是智不足以知兩家耳。初非有輕重抑揚之論也。』（止齋文集卷三十六與陳同甫）

第二章　程朱兩人的根本思想

第一節　一元論和二元論

一元論和二元論　在我國的學術思想史上我們向來沒有什麽一元和二元的名目。至於儒道佛三家的哲學究竟誰是一元誰是二元，我們亦向來不曾有人敢來絕對的分別指定過。不過當我們研究程氏學說的時候，我們看到他的種種理論完全是趨向一元的方面，我們就不免大膽的用現代通行的術語稱他的學說爲一元的哲學。我們又看到他的態度處處脚踏實地不肯落到道佛兩家的窠臼中去，因此我們又不免大膽的假定程氏是一個正宗的儒家。於是我們更用推理的方法把儒家的哲學假定爲一元的哲學。當我們研究朱氏學說的時候，我們看到他的種種理論完全是趨向二元的方面，我們就不免大膽的用現代通行的術語稱他的學說爲二元的哲學。我們又看到他的態度處處不脫向來道家臭味，因此我們又不免大膽的假定朱氏是一個貌似儒家的道家。於是我們更用推理的方法，把道家的哲學假定爲二元的哲學。這種由果溯因的辦法非常危險，著者當然不敢十分信任他。所以原來的儒家哲學是否果屬一元，原來的道家哲學是否果屬二元，著者都不敢絕對的武斷。不過程氏和程氏一派中人都是一元論的儒家，朱氏和朱氏一派中人都是二元論的道家，這兩點卻是大致可以斷定的了。現在讓我們先來討論程氏的一元論。

萬物一理說　程氏一元論的大前提就是萬物一理四個字。他說：

『所以謂萬物一體者，皆有此理。只爲從那裏來，生生之謂易。生則一時生，皆完此理。人則能推，物則氣昏，推不得。不可道他物不與有也。人只爲自私，將自家軀殼上頭起意，故看得道理小了他底。放這身來都在萬物中一例看，大小大快活。』（二程遺書卷二上）

他又說：

『萬物皆只是一個天理，己何與焉？』（二程遺書卷二上）

他又說：

『天下只有一個理。既明此理，夫復何障？若以理爲障，則是己與理爲二？』（二程遺書卷十八）

他又說：

『人能放這一個身公共放在天地萬物中一般看，則有甚妨礙？雖萬身曾何傷？』（二程遺書卷二上）

程氏要我們認識天下萬物只有一個理，這就是要「生。」他又要我們把自身放在天地萬物中一般看，不要專從自己的軀殼上起意。這是何等精神！這種思想實在就是儒家固有的大同思想，不但是「民吾同胞，」而且是要「物吾與。」程氏的意思是要我們人和物都去受理的宰制，不要由我們人去宰制物，或者由一部分人去宰制另一部分人。所以他說：

『二氣五行，剛柔萬殊，聖人所由唯一理。人須要復其初。』（二程遺書卷六）

這個萬物一理的主張可以說是程氏一元論的第一個方面。

天人無二說　程氏既然主張萬物只是一個理，我們人類又只能放在天下萬物中一般看，那末這個理自然是一個貫通天人的東西，不能再有什麼天理或人理的分別了。所以他說：

『天人無二，不必言合。』（二程遺書卷六）

他又說：

『一人之心，卽天地之心，一物之理，卽萬物之理，一日之運，卽一歲之運。』（二程遺書卷二上）

有人問他『王安石言堯行天道以治人，舜行人道以事天，如何？』他回答說：

『介甫自不識道字，道未始有天人之別。』（二程遺書卷二十二上）

又有人問他：『王安石有言：「盡人道謂之仁，盡天道謂之聖。」』他回答說：

『言乎一事，必分爲二，此介甫之學也。道一也，未有盡人而不盡天者也。以天人爲二，非道也。子雲謂通天地而不通人曰伎，亦猶是也。或曰乾天道也，坤地道也。論其體則天尊地卑，其道則無二也。豈有通天地而不通人？』（二程粹言卷一）

程氏的意思以爲道無天人的分別，有了天人的分別就不是道。他的結論就是：

『須是合內外之道，一天人，齊上下，下學而上達，極高明而道中庸。』（二程遺書卷三）

這個天人無二的主張可以說是程氏一元論的第二個方面。

物我一理說　程氏既然深信萬物一理，天人無二，那末物我之間更不能強分畛域了。所以他說：

『物我一理，明此則盡彼，盡則通，此合內外之道也。語其大至天地之所以高厚，語其小至於一草一木所以如此者，皆窮理之功也。』（二程粹言卷二）

這是說物我一理，彼此相通。他又說：

『天命之謂性，率性之謂道者，天降是於下，萬物流行各正性命者，是所謂性也。循其性而不失，是所謂道也。此亦通人物而言。循性者馬則爲馬之性，又不做牛底性。牛則爲牛之性，又不做馬底性。此所謂率性也。人在天地之間與萬物同流，天幾時分別出是人是物？』（二程遺書卷二上）

這是說人與萬物同流，並沒有什麼分別。

人物無別說　人和物在天地間既然是道理相通沒有分別，所以程氏竟大膽的發表下面這兩段驚人的文字。他說：

『天地之間非獨人為至靈。自家心便是草木鳥獸之心也。但人受天地之中以生爾。』二程遺書卷一

他這句話幾乎和現代生物學家所說的如出一口，這一點卻值得我們的注意。他又說：

『萬物皆備於我，不獨人爾，物亦然。都是這裏出去。只是物不能推，人則能推之。雖能推之，幾時添得一分？不能推之，幾時減得一分？百理具在平鋪放著。幾時道堯盡君道添得些君道多？舜盡子道添得些孝道多？元來依舊！』二程遺書卷二上

這種大膽的論調認定人和物雖然有能推和不能推的分別，但是無論誰都逃不了「這裏」——就是「生生」的道理，在我國的學術思想上不能不說是一種難得看見的精彩。

萬物一體說　天人既然無二，物我既然一理，所以程氏要我們應該以天地萬物為一體。這就是儒家大同觀念的精髓，亦是我國儒家正宗的思想。他說：

『仁者以天地萬物為一體，莫非我也。知其皆我，何所不盡？不能有諸己，則其與天地萬物豈

特相去千萬而已哉？』二程粹言卷一

理與心一說　天地萬物既然同是一體，而且又是一理，所以程氏教我們應該與理爲一，斷不可以我們的心處這個道理。他說：

『理與心一，而人不能會之爲一。』二程遺書卷五

他又說：

『聖人與理爲一，故無過無不及，中而已矣。其他皆以心處這個道理，故賢者常失之過，不肖者常失之不及。』二程遺書卷二十三

這是說我們應該以客觀的合理的態度去處置一切事物的道理，不要以個人的主觀的態度去處置他們。程氏的態度所以在宋代諸人中可以稱爲最近現代的科學家這亦是一個理由。這個物我一理的主張可以說是程氏一元論的第三個方面。

事理一致說　程氏對於事和理的關係亦用一元的態度去說明他。他這種事理一致的主張實在開後來浙東學派的宗門。章學誠說：『浙東之學言性命者必究於史。』章氏遺書卷二浙東學術這一種不

肯離事而言理的風氣實在淵源於程氏。程氏說：

『至顯者莫如事，至微者莫如理。而事理一致，微顯一源。古之君子所謂善學者，以其能通於此而已。』二程遺書卷二十五

他又說：

『道外無物，物外無道。』二程粹言卷一

他又說；

『道之外無物，物之外無道。是天地之間無適而非道也。卽父子而父子在所親，卽君臣而君臣在所嚴，以至爲夫婦，爲長幼，爲朋友，無所爲而非道。此道所以不可須臾離也。』二程遺書卷四

這就是說事理一致，道物相通，所以天地之間無往而不是事和物，亦就是無往而不是道和理。我們看過程氏這種議論，倘使還要譏刺宋儒爲空談性命，離事言理，那末程氏和浙東一派應該做一個例外。這個事理一致的主張可以說是程氏一元論的第四個方面。

其他一元論 此外程氏以同樣一元的態度去打破二元論中所謂動靜、陰陽、本末、內外、精粗、

大小、先後、遠近、等等相對的親念。他始終主張天地間一切事物和道理原來並沒有這種種相對的關係，更沒有這種種不同的區別。簡括的說：就是動靜一源，陰陽無始。一切事理就是果然有動靜陰陽的區別，我們亦斷不能把他們截分為兩個東西，因為他們原來是渾然一體。程氏的一元論在我國儒家的思想史上恐怕可算最澈底的一個了。我們現在把程氏一元論的這幾個方面再依次簡單的敍述一下。

動靜無端說　關於動和靜的關係，程氏絕對的不承認。他說：

『動靜無端，陰陽無始。非知道者孰能識之？』（二程粹言卷一）

這是說動和靜絕對尋不出頭緒來的，因為他們本來是無端的緣故。他又說：

『靜中有動，動中有靜，故曰動靜一源。』（二程粹言卷一）

這是說動靜駢合渾然一物。他又說：

『聖人作易未嘗言無為，惟曰「無思也，無為也，」此戒作為也。然下即曰「寂然不動感而遂通天下之故。」是動靜之理未嘗為一偏之理矣。』（二程遺書卷五）

這是說動靜之理未嘗一偏。總而言之，程氏以為所謂動靜原來是渾然一物，無端無始，而且未嘗一偏。

陰陽無始說　至於陰和陽的關係亦是如此。程氏在上面已經說過『陰陽無始』的話。他又說：

『陰陽之際不可截然不相接。廝侵過便是道理。天地之間如是者極多。艮之為義，終萬物，始萬物，此理最妙。須玩索這個理。』二程遺書卷二上

他又說：

『陰陽消長之際無截然斷絕之理，故相攙掩過。如天將曉復至陰黑，亦是理也。大抵始終萬物，莫盛乎艮，此盡神妙，須盡研究此理。』二程遺書卷二上

這都是說陰陽之際斷不能把他分為兩段。實在陰就是陽，陽亦就是陰，這就是『終始萬物』的妙理。簡單的說，程氏以為所謂陰陽亦是無端無始不可截斷的一種東西。

本末一貫說　關於本和末的關係，程氏亦以同樣的一元論的見解去討論他。他說：

『物有本末而本末非二道也。』（二程粹言卷二）

他又說：

『凡物有本末，不可分本末爲兩段事。灑掃應對是其然，必有所以然。』（二程遺書卷十五）

此地的意思就是說凡百事物總各有他的「然」和他的「所以然」。既然有了「然」，一定就有「所以然」。這個「然」和這個「所以然」和形影的關係一樣，有便齊有，頃刻不能分離。所謂本和末亦就是如此。所以程氏更詳細的說：

『冲漠無朕，萬象森然已具。未應不是先，已應不是後。如百尺之木自根本至枝葉皆是一貫。不可道上面一段事無形無兆，卻待人旋安排引入來，教入塗轍。既是塗轍，卻只是一個塗轍。』（二程遺書卷十五）

這就是說自本至末只有一個塗轍上下一貫。本末既然不能分開，那末把本末分成兩段和只知有本而不知有末，都不是我們儒家的道理。所以他說：

『佛氏之道一務上達而無下學。本末間斷，非道也。』（二程粹言卷一）

方無內外說　關於內和外的關係，程氏亦不承認他可以成立。他說：

『天地安有內外？言天地之外，便是不識天地也。』（二程遺書卷二上）

他又說：

『人多言天地外。不知天地如何說內外？外面畢竟是個甚？若言著外，則須是有個規模。』（二程遺書卷二上）

這都是說天地並沒有內外的分別。他又說：

『或言方有內外，是有間矣。道無間，方無內外。』（二程粹言卷一）

這是說道並沒有內外的分別。他又說：

『性不可以內外言。』（二程遺書卷三）

他又說：

『性之所固有，合內外而無間者也。夫天大無外，造化發育皆在其間，自無內外之別。人有是形而為形所梏，故有內外生焉。內外一生，則物自物，己自己，與天地不相似矣。反乎性之德，則

安有物我之異內外之別哉？』程氏經說卷八中庸解

道都是說性並沒有內外的分別。總而言之，程氏決不承認天地道性等有什麼所謂內外的關係。

道無精粗說　關於精和粗的關係，程氏亦不肯承認。他說：

『道無精粗，言無高下。』二程遺書卷十二

他又說：

『聖人之道，更無精粗。從灑掃應對至精義入神，通貫至一理。雖灑掃應對只看所以然者如何。』二程遺書卷十五

程氏既然主張道無所謂精粗，所以當劉安節問他『孝弟之行何以能盡性至命』的時候他回答說：

『世之言道者以性命爲高遠，孝弟爲切近，而不知其一統。道無本末精粗之別。灑掃應對，形而上者存焉。』二程粹言卷二

又有人問『行狀云「盡性至命必本於孝弟。」不識孝弟何以能盡性至命也？』他亦回答說：

『後人便將性命別作一般事說了。性命孝弟只是一統底事。就孝弟中便可盡性至命。至如灑掃應對與盡性至命亦是一統的事。無有本末，無有精粗。卻被後來人言性命者別作一般高遠說。故舉孝弟是於人切近者言之。然今時非無孝弟之人而不能盡性至命者，由之而不知也。』二程遺書卷十八

他又說：

『能盡飲食言語之道，則能盡出處去就之道矣。能盡出處去就之道，則能盡死生之道矣。其致一也。』二程粹言卷一

程氏這種經驗的唯物論和後起的浙東學派以及清初的一般反宋派的學說差不多完全是一樣。我們倘使把程氏亦放在「空談性命」的一派宋儒中，那不但要委屈程氏和他的嫡傳弟子，而且亦要和實際的情形不符。清代學者的「反宋」，實在應該說是「反朱」，因爲空談性命的只是朱氏這一派而不是程氏那一派。程氏倘使生在朱氏的當時，他一定要做一位反朱的同志。清儒對於所謂「宋學」所下的攻擊，程氏早已發表過了。他說：

他又說：

『今之語道者，語高則遺卑，語本則遺末。孟子之書雖所記不主一端，然無精粗之分，通貫言之，蔑不盡者。』（二程粹言卷一）

他又說：

『中庸之書是孔門傳授，成於子思孟子。其書雖是雜記，更不分精粗一袞說了。今之語道多說高便遺卻卑，說本便遺卻末。』（二程遺書卷十五）

這種說法都足以證明程氏不但不肯空談性命，而且態度很顯明的去反對空談性命。所以班漢學家的反宋可以說是遠紹程氏和浙東學派的餘緒，算不得一種異軍突起的革命。

理無大小說　關於大和小的關係程氏亦根本的不承認他。他說：

『形而上者存於灑掃應對之間，理無小大故也。』（二程粹言卷一）

他又說：

『能盡飲食言語之道，則可以盡去就之道。能盡去就之道，則可以盡死生之道。飲食言語去就死生小大之勢一也。故君子之學自微而顯，自小而章。易曰：「閑邪存其誠。」閑邪則誠自

存。而閑其邪者則在於言語飲食進退與人交接之際而已矣。』二程遺書卷二十五

程氏始終認定道無精粗，理無大小，教我們不要語高而遺卑語本而遺末。他這種務實的哲學在當時竟這樣的成熟，實在是我國學術思想史上一件最光榮的史蹟。所以我們倘使不加細察隨便把程氏混入所謂「宋學」裏面去，那我們就不但要對不起程氏，而且亦要對不起我國的學術。程氏既然認定理無大小，所以他對於張載的『淸虛一大』的說法不肯同意。他說：

『此語便不是。這裏論甚大與小。』二程遺書卷三

程氏並由此推言事和志都沒有什麼大小的關係。他說：

『較事大小，其弊必至於枉尺直尋。』二程粹言卷

有人問他『學者須志於大如何？』程氏說：

『志無大小。且莫說道將第一等讓與別人，且做第二等。才如此說便是自棄。雖與不能居仁由義者差等不同，其自小一也。言學便以道爲志，言人便以聖爲志。自謂不能者自賊者也。謂其君不能者賊其君者也。』二程遺書卷十八

程氏這種論調和朱氏一派學者的高談闊論實在是大不相同。

陰陽無先後說　關於先和後的關係，程氏亦一樣的不承認他可以成立。他說：

『陰陽開闔本無先後。不可道今日有陰明日有陽。如人有形影。蓋形影一時，不可言今日有形，明日有影。有便齊有。』（二程遺書卷十五）

道無遠近說　關於遠和近的關係程氏亦用同樣的見解去說明他。他說：

『「道不遠人，」「不可須臾離也，」此特為始學者言之耳。論道之極，無遠也，無近也，無可離不可離也。』（二程粹言卷一）

總而言之，程氏的主張在於萬物一理，不分天人物我一理；事理一致；動靜無端，陰陽無始；至於道理這種東西決沒有本末、內外、精粗、大小、先後、和遠近等等的分別。他這種對於一元哲學的發揮眞可以說是詳盡無遺淋漓盡致的了。

太極圖式的二元論　至於朱氏的哲學，我們可以大膽的說，完全就是一個道家的「太極圖」。他一方面相信有所謂「太極」，一方面更相信有所謂「陰陽」和「五行」。因此朱氏對於萬物一理的主張在表面上完全和程氏一致。他說：

『徹上徹下，無精粗本末只是一理。』（朱子全書卷四十六）

但是這個理並不是程氏所謂事事物物的「所以然」。朱氏意中的所謂理另有一種解釋。他說：

『大而天地萬物，小而起居食息皆太極陰陽之理也。』（朱子全書卷四十六）

朱氏所謂萬物一理和程氏所謂萬物一理可以說是「貌同心異，」因爲朱氏這一個見解完全以那個「太極圖」中的太極來做他的立脚點，和程氏的本意完全不同。至於朱氏對於這個理怎樣用『二氣五行』的道家者言去附會他，我們將來在討論格物問題的時候再去詳細討論。現在我們先來說明朱氏種種二元的論調，看他怎樣和程氏的學說相反對。

有趣的相對論　朱氏既然以「太極圖」來做他的哲理的根據，所以他一方面因太極之說而有萬物一理的主張，一方面又因陰陽之說而有理必有對的見解。這種「太極圖」式的哲理當然要和程氏的說法不同。我們試看下面一段極有趣味而又毫無根據的朱氏「相對論」。有人問朱氏『天下之理無獨必有對：有動必有靜，有陰必有陽，以至屈伸消長盛衰之類，莫不皆然。還是他合下便如此耶?』朱氏回答說：

『自是他合下來如此。一便對二，形而上便對形而下。然就一言之，一中又自有對。且如眼前見一物便有背有面，有上有下，有內有外。二又各自爲對。雖說無獨必有對，然獨中又自有對。且如碁盤路兩兩相對，末梢中間只空一路，若似無對。然此一路對了三百六十路。此所謂對萬，道對器也。』（朱子全書卷四十六）

朱氏此地一段話不但把程氏的全部一元論完全推翻，而且他所說的『一中又自有對，』『獨中又自有對，』『二又各自爲對』等等說法，完全是在「太極圖」中翻筋斗。

道器有別說　朱氏既認定理必有對，因此他就把道和器分成明明白白的兩橛。朱氏說：

『形而上者謂之道，物之理也。形而下者謂之器，物之物也。且試屏去他說而只以此二句推之。若果見得分明，則其他說亦自通貫而無所遺也。』（朱子全書卷四十六）

朱氏這種道器分家的說法顯然和程氏『事理一致』的見解相反對。他又說：

『形上形下卻有分別。須分得此是體彼是用，方說得一源。分得此是象彼是理，方說得無間。

若只是一物卻不須更說一源無間也。』(朱子全書卷四十六)

他這一段話一方面可以說是對於程氏『體用一源顯微無間』兩句話的曲解，一方面亦可以說是一種暗罵。所以我們倘使根據這一類的討論來斷定朱氏是一個能夠發揮程氏學說的人那就是完全出於誤會。

體用有別說　此外朱氏對於體和用、動和靜、本和末等等的關係都承認他可以成立，而且他始終貫徹那「培養本源」的唯心論，主張這種種關係中仍舊含有輕重不同的價值。他說：

『體用也定。見在底便是體，後來生底便是用。此身是體，動作處便是用。天是體，萬物資始處便是用。地是體，萬物資生處便是用。就陽言則陽是體，陰是用。就陰言則陰是體，陽是用。』(朱子全書四十六卷)

這種體用的分別以現在科學的眼光看來究竟有什麼一種價值，我們實在不敢說。他又說：

『靜爲主，動爲客；靜如家舍，動如道路。』(朱子全書卷二)

他又說：

『嗚呼！學者能知一陰一陽一動一靜之可以相勝而不能相無，又知靜者爲主而動者爲客焉，則庶乎其不昧於道體而日用之間有以用其力耳！』（朱子全書卷二十四）

朱氏這種慨喟的語調似乎一定要我們一方面相信陰和陽以及動和靜都是兩橛，一方面相信靜和陰是主是家舍，動和陽是客是道路。無論朱氏這種理論有沒有相當的價值，他和程氏的見解完全不同那是可以武斷的了。最後朱氏又說：

『本末始終之說，只是要人先其本後其末，先其始後其終耳。』（朱子全書卷七）

他這幾句話剛剛和程氏所說的『今之語道多說高便遺卻卑，說本便遺卻末』這幾句話針鋒相對。

程朱兩氏一元論二元論的總結　總而言之，程氏主張萬物一理，天人無二，物我一理，事理一致，並沒有什麼動靜、陰陽、本末、先後、大小等等的區別。這是很澈底的很周密的而且是很近現代所謂科學的一元論。朱氏則以爲理各有對，道器有別，而且一切事物都有體用、陰陽、動靜、先後、本末等等的關係，最後歸結到先本後末，先始後終。這是一種不很澈底的二元論。因爲朱氏原來是一個道家，他始終拋不下那一個道家的法寶——「太極圖」，所以他的學說除根據陰陽附會出來的二元論外還要受那個「太極」的拘束，不能不再用道家的二氣五行來造成他那個萬物一理的理。我們對於程朱兩人的學說未加細察以前，總要感覺到朱氏的理論有時很像程氏，有時又很不像程氏。因此我們就以為像的地方是朱氏私淑程氏處，不像的地方是朱氏發揮或者糾正程氏處。倘使我們上面所述程朱兩人學說的不同果然是可以成立，那麼我們從前認程朱兩人為一脈相傳實在是一種錯覺，一種誤會，一種和實際完全不符的空話。

窮理盡性知命問題　我們在討論程朱兩人的一元二元的問題以後，還有一個相關的問題不能不附帶在此地再討論一下。這就是：窮理是否就是盡性知命？盡心是否就是知性知天？程氏是一個一元論者當然認他們為一件事，朱氏是一個二元的唯心論者當然要持反面的態度，這幾乎是可想而知的了。所以有人問程氏『人有言：「盡人道謂之仁，盡天道謂之聖。」此語何如？』程氏回答說：

『此語固無病，然措意未是。安有知人道而不知天道者乎？道一也，豈人道自是人道，天道自是天道？中庸言「盡己之性，則能盡人之性；能盡人之性，則能盡物之性；能盡物之性，則可以贊天地之化育。」此言可見矣。』二程遺書卷十八

他又說：

『楊子曰：「通天地人曰儒，通天地而不通人曰伎。」此亦不知道之言。豈有通天地而不通人者哉？如止云通天之文與地之理，雖不能此，何害於儒？天地人只一道也，纔通其一則餘皆通。如後人解易言乾天道坤地道也便是亂說。論其體則天尊地卑，如論其道豈有異哉？』二程遺書卷十八

這是說既知人道就知天道，纔通其一便通其餘，倘使分成幾段，『便是亂說。』程氏對於天人之理既然主張一通百通，所以他對於窮理盡性至命和盡心知性知天都看做一件事。他說：

『窮理盡性至命只是一事。纔窮理便盡性，纔盡性便至命。』二程遺書卷十八

有人以為『窮理智之事也，盡性仁之事也，至於命聖人之事也。』程氏說：

『不然也。誠窮理則性命皆在是。蓋立言之勢不得不云爾也。』（二程粹言卷二）

他又說：

『窮理盡性至命一事也，纔窮理便盡性，盡性便至命。』

他說到此地並指柱說：

『此本可以爲柱，理也。其曲直者，性也。其所以曲直者，命也。理性命一而已。』（二程外書卷一）

程氏並用同樣的見解去批評張載的說法。他說：

『理則須窮，性則須盡，命則不可言窮與盡只是至於命也。橫渠昔常譬命是源，窮理與盡性如穿渠引源。然則渠與源是兩物。後來此議必改來。』（二程遺書卷二上）

程氏對於盡心知性知天的見解亦是如此。他說：

『稟於天曰性，而所主在心。纔盡心卽是知性，知性卽是知天矣。』（二程遺書卷十八）

他又說：

『盡其心者我自盡其心。能盡心則自然知性知天矣。如言窮理盡性以至於命，以序言之不

得不然。其實只能窮理便盡性至命也。』二程遺書卷二十二上

程氏這個見解在當時張載就已經持反對的論調。蘇昞在洛陽議論中記有下面一段話：

『二程解窮理盡性以至於命，只窮理便是至於命。子厚謂亦是失於太快。此義儘有次序。須是窮理便能盡得己之性，則推類又盡人之性。既盡得人之性，須是並萬物之性一齊盡得。如此然後至於天道也。其間煞有事，豈有當下理會了？學者須是窮理爲先，如此則方有學。今言知命與至於命儘有近遠。豈可以知便謂之至也？』二程遺書卷十

張氏此地以爲程氏的說法失於太快，因爲此義儘有次序，其間煞有事，決不能當下便理會了。朱氏對於張氏原來極其推崇，所以他對於這一個問題亦和張氏一樣提出反對的論調。朱氏說：

『能盡其性則能盡人之性，能盡人之性則能盡物之性。只是恁地貫將去。然卻有個「則」字在。』朱子全書卷二十五

他此地顯然說盡性至命步驟分明，雖然可以貫穿下去，但是不能混成一事。朱氏並且再進一步去曲解程氏『纔明彼即曉此』這句話的意思。他說：

『程先生所以說纔明彼卽曉此自家心下合有許多道理事物上面各各也有許多道理。無古今無先後，所以說「先聖後聖其揆則一」。下又說道：「若合符節。」如何得恁地？只緣道理只是一個道理，一念之初千事萬事。究竟於此若能先明諸心看事物如何來，只應副將去。如尺度，如權衡，設在這裏。看什麼物事來，長底短底，小底大底，只稱量將去，可使不差毫釐。』朱子全書卷三

朱氏此地顯然以「明諸心」去解釋程氏的「纔明彼，」以「稱量事物」去解釋程氏的「卽曉此，」以為程氏的意思是要我們先去明了自家心中的許多道理，就可以應付一切事物的道理。但是我們就程氏全部的哲學看來，程氏的本意決不如此。所以朱氏所說的話表面上好像是對於程氏學說的一種發揮，實際上只是一種曲解。

朱氏的一通百通說　朱氏還有一句貌同心異的話。他說：

『天下只有一個道理，只要理會得這一個道理。這裏纔通，則凡天理、人欲、義利、公私、善惡之辨莫不皆通。』朱子全書卷一

此地驟然看去，好像朱氏的見解完全和程氏一樣，毫無分別。但是我們倘使稍加思考，我們就要想到朱氏所謂理和程氏所謂理的意義根本不同。而且程氏主張從物理上面求得我們的性，這是從物通到我。而朱氏則主張以我們心中固有的理去辨別天理人欲和義利公私等等的不同，這是從我通到物。所以朱氏所謂一通百通的方向剛剛和程氏相反。我們要研究南宋的思想，對於這種幾微毫髮的地方最宜注意。關於這一點我們將來討論他們兩人的方法論時還要詳細說明。

總論　總而言之，程氏既然主張天人相通物我無間，所以對於窮理盡性至命和盡心知性知天都看做一件事情，主張一通百通一了百了。而朱氏則以為各有步驟，決不止一件事情。不過我們如果能夠先去明了自己的心，再去明了一切事物的道理，那末這亦是一通百通一了百了。程朱兩人學說的異同，最難研究的就在這種地方，最容易誤會的亦就在這種地方。他們兩人見解的是非我們姑且不管，他們兩人理論的不同，那是無可再疑的了。

第二節　幾個重要的名詞

哲學上的名詞　中國的學術史以北宋末年以來的理學為最複雜；而北宋末年以來的所謂

理學以各種名詞的定義和關係的種種討論最是烏煙瘴氣。例如當時諸位學者對於理、性、命、心、天、神、帝、鬼、道、氣、情、易等等名詞，都是各有各的定義各有各的見解，或者是大同小異或者是大異小同，往往所爭的不過是幾微毫髮之間，弄得我們研究的人頭暈腦悶。宋代的理學所以受後代人的叱罵，就是爲此；宋代的理學所以到如今還沒有人敢把他好好的整理起來，亦就是爲此。

理性命無異　程氏是一個一元論者，所以他對於這許多名詞的見解最是簡單明瞭。他以爲所謂理、性、命、心、天、神、帝、鬼、道、氣、情、易等等名詞，原來都是同樣的東西。聖人因事制名，所以不同，我們如果隨文析義，求奇異之說，就要失去聖人的本意。他說：

『天之付與之謂命，稟之在我之謂性，見於事業之謂理。』（二程遺書卷六）

他又說：

『理也性也命也，三者未嘗有異。窮理則盡性，盡性則知天命矣。天命猶天道也，以其用而言之則謂之命。命者造化之謂也。』（二程遺書卷二十一下）

就此可見程氏以爲理性命三個名詞『未嘗有異。』這三個名詞爲吾國儒家哲學中最重要的術語。程氏學說的一元態度我們在此地已經可以窺見一斑。

心道實一　程氏不但以爲理性和命都原本是一樣東西，而且他並用同樣的見解去解釋心和道。他說：

『在天爲命，在義爲理，在人爲性，主於身爲心，其實一也。』二程遺書卷十八

他又說：

『孟子曰：「盡其心，知其性。」心卽性也。在天爲命，在人爲性，論其所主爲心，其實只是一個道。』二程遺書卷十八

就此可見程氏以爲心亦就是性，完全是一物而異名。而所謂命性心等等實在就是一個道。這個道是貫通宇宙中一切事物的道理，既不分天人，亦不分物我。這個見解可以說是程氏一元哲學的根本立脚點。

心性天無異　程氏對於心性和天亦用同樣的見解去說明他們所以有人問他孟子言心性天只是一理否？他的回答是：

他又說：

『然。自理言之謂之天，自稟受言之謂之性，自存諸人言之謂之心。』（二程遺書卷二十三上）

他又說：

『孟子曰：「盡其心者知其性也。知其性則知天矣。」心也性也天也非有異也。』（二程遺書卷二十五）

他以爲天和心和性都只是一理，並沒有什麼不同。

帝神鬼等無異　此外程氏對於帝、神、鬼、易、乾等等名詞都看作道的別名。他說：

『以形體謂之天，以主宰謂之帝，以至妙謂之神，以功用謂之神鬼，以性情謂之乾，其實一而已，所自而名之者異也。夫天專言之卽道也。』（二程粹言卷二）

他又說：

『上天之載無聲無臭之可聞。其體則謂之易，其理則謂之道，其命在人則謂之性，其用無窮則謂之神，一而已矣。』（二程粹言卷一）

程氏此地再三說『一而已矣』這句話，可見他把性、理、命、心、天、神、帝、鬼、道、易等等名詞都看做同一個東西。不過因爲這一個東西的位置不同，和我們對於這一個東西的看法不同，所以我們給這一個東西起了許多不同的名字。這就是程氏所說『所自而名之者異也』的意思。

神氣是一　程氏並亦用同一的見解去說明氣和神。他說：

『神氣相極周而無餘。謂氣外有神，神外有氣，是兩之也。淸者爲神，濁者獨非神乎？』（二程粹言卷二）

這是說神和氣本是一物，不能分爲兩件東西。他又說：

『稱性之善謂之道，道與性一也。以性之善如此，故謂之性善。性之本謂之命，性之自然者謂之天，自性之有形者謂之心，自性之有動者謂之情。凡此數者皆一也。聖人因事以制名，故不同若此。而後之學者隨文析義，求奇異之說，而去聖人之意遠矣。』（二程遺書卷二十五）

程氏在此地始終以一元哲學的態度主張凡是吾國儒家哲學中種種烏煙瘴氣的術語，根本上都只是一個東西。他並警告我們不要『隨文析義求奇異之說』免得『去聖人之意遠矣。』他這種一元的論調總算是非常的澈底，非常的堅決。

我們爲使得讀者明了起見，所以不厭繁複再把上面所引的幾段文字用算學公式表出如下：

∵命＝性＝理

∵命＝理＝性＝心

∵命＝性＝心＝道

∵天＝性＝心

∵天＝帝＝神＝神鬼＝乾＝道

∵易＝道＝性＝神

∵神＝氣

∵命＝天＝心＝情

∴命＝性＝理＝心＝道＝天＝帝＝神＝神鬼＝乾＝易＝氣＝情

至於朱氏對於這幾名詞就不免有些如程氏所說『隨文析義求奇異之說』了。至於程朱兩人的見解誰『去聖人之意遠，』我們因爲這是對於他們兩人學說的估値問題，不是這篇文章範圍中應有的責任，所以我們不想去討論他。

儒化的道家　朱氏這個人依著者的愚見原是一個「儒化」的道家，換句話說，朱氏實在是一個儒冠儒衣的道士。我國的道家對於養心這段工夫向來看得很重要，所以朱氏在爲學的方法上就始終認定涵養此心爲最切要。關於這一點我們後面再說，現在先討論朱氏對於上述種種名詞的見解怎樣和程氏不同。

心統性情說　朱氏既然是一個道家，既然把心看得很重要，所以他和程氏一元的論調把心看做一個極其平常的東西大不相同。而且因此朱氏對於心的問題並沒有特創的卓見，他不過絕對接受張載性理拾遺中『心統性情者也』那一句話。他一則說：

『橫渠心統性情之說甚善。』朱子全書卷四十四

再則說：

『橫渠心統性情之說此話有大功。』朱子全書卷四十五

三則說：

『橫渠心統性情說極好。』朱子全書卷四十五

四則說：

五則說：

『橫渠心統性情之語精密。』朱子全書卷四十五

『如橫渠心統性情句乃不易之論。孟子說心許多皆未有似此語端的。仔細看，便見其他諸子等書皆無依稀似此。』朱子全書卷四十四

我們看上面朱氏所說的話，可見他對於『心統性情』的說法推崇到了萬分。但是這一說和程氏的『心卽性也』『心也性也天也，非有異也』的說法根本不同。

心爲主宰說　朱氏既然接受張載心統性情的主張，所以他把心看得特別重要，認爲是一切的主宰。他說：

『此心本來虛靈，萬理具備。事事物物皆所當知。』朱子全書卷四十四

怎樣叫做虛靈？他竟說出下面這段出於意外的話：

『凡物有心而其中必虛。如飲食中雞心猪心之屬，切開可見。人心亦然。只這些虛處便包藏許多道理。彌綸天地，該括古今。推廣得來，蓋天蓋地，莫不由此。此所以爲人心之妙與？』朱子全書

卷四十四

他爲自圓其說起見，更用那道家的五行學說來附會自己的主張。他說：

『心屬火，緣是個光明發動底物，所以具得許多道理。』朱子全書卷四十四

這種毫無根據的說法，程氏決不肯如此的大膽。其實朱氏這種尊心的主張仍舊脫不了道家「眞宰」的老調。

心不是性說　朱氏既然把心認爲一個獨立的東西，他曾說『唯心無對，』朱子全書卷四十四所以他和程氏的主張不同，把心和性情都分別開來，完全看做不同的東西。朱氏說：

『虛處只是心，不是性，性只是理。』朱子全書卷四十四

他又說：

『性本是無，卻是實理。心似乎有影象，然其體卻虛。』朱子全書卷四十五

他又說：

『心以性爲體，心將性作餡子模樣。』朱子全書卷四十四

這樣說來，心和性完全是兩樣東西，這和程氏『心卽性也』的主張完全不同。

性情不同說　至於性和情在程氏看來原是『凡此數者皆一也。』朱氏卻要『隨文析義，求奇異之說』了。他說：

『性是靜，情是動，心則兼動靜而言。』（朱子全書卷四十四）

他又說：

『性是未動，情是已動，心包已動未動。蓋心之未動則為性，已動則為情，所謂心統性情也。』（朱子全書卷四十五）

這可見朱氏始終接受張載的心統性情說，把性和情看作心的兩個分子。這是「太極圖」的老調。而朱氏的哲學所以從一元的唯心論仍舊要走入兩元的窠臼，這亦是一個很明顯的實例。這和程氏那種澈底的一元態度大不相同。所以朱氏更明白的說：

『心統攝性情，非儱侗與性情為一物而不分別也。』（朱子全書卷四十五）

這幾句話幾乎可以說是對於程氏『心卽性也』那句話的挑戰了。

道性相對說　朱氏既然把心和性情分開，他亦把道和性分得很清楚。他說：

『道是在物之理，性是在己之理。』（朱子全書卷四十二）

他又說：

『天命之謂性，率性之謂道。性與道相對，則性是體，道是用。』（朱子全書卷二十四）

這種主張不但和程氏『道與性一也』的說法完全不同，就是和程氏物我一理的主張亦大有衝突。不但如此，他還要向門人批評程氏『天專言之則道也』那句話，明說『伊川此句某未敢道是。天地只以形言。』（朱子全書卷二十八）

性命不同說　朱氏又把性和命亦分成兩件東西，他說：

『性者萬物之原，命者萬物之所同受。而陰陽交運參差不齊，是以五福六極值遇不一。』（朱子全書卷四十三）

這亦和程氏性命皆一的主張完全兩樣。

道理不同說　朱氏又把道和理分別開來，他說：

『道字包得大理，是道字裏面許多理脈。』『道字宏大，理字精密。』（朱子全書卷四十六）

意志不同說　朱氏又把意和志分別開來，他說：

『意志皆與情相近。……志便清，意便濁。志便剛，意便柔。志便有立作意思，意便有潛竊意思。意多是說私意，志便說匹夫不可奪志。』（朱子全書卷四十五）

朱氏這種分別實在有點近於程氏所說的『隨文析義，求奇異之說。』至於是否『去聖人之意甚遠，』我們後輩當然不敢去批評他。不過程朱兩人對於這許多名詞一主一元一主二元，那卻很顯著的了。

第三章　理學上幾個重要的問題

第一節　性氣的問題

性氣問題　我們照上面兩段所述的看來，程氏主張一元論和朱氏主張二元論已經很明顯的了。但是在現在好像還有人以爲朱氏的性氣二元論實在淵源於程氏，這句話恐怕和事實不符。程氏雖然亦曾經提出過「氣質之性」四個字，但是他決沒有把性氣兩個字看做兩樣絕對相對的東西。至於朱氏對於性氣的問題卻把他當做一個主要的題目借來發揮他那極其周密極其完整的二元論。

程氏說一　我們現在先看程氏對於性氣的關係抱一種什麼意見。程氏說：

『生之謂性，性卽氣，氣卽性，生之謂也。人生氣稟，理有善惡。然不是性中元有此兩物相對而生也。有自幼而善，有自幼而惡，是氣稟有然也。善固性也，然惡亦不可不謂之性也。蓋生之謂性，人生而靜以上不容說，才說性時便已不是性也。凡人說性，只是說繼之者善也。孟子言人性善是也。』二程遺書卷一

程氏這段議論著者認爲非常重要。因爲我們就此可以看出程氏性氣一元的主張。第一點他以爲凡說性都是指生之謂性。既然如此，那末性就是氣，氣就是性，完全是一樣東西。第二點他以爲人生而靜以上不容說，才說性時便已不是性。第三點他以爲既然凡是性都是指生之謂性，那末善固然

是性，就是惡亦不可說他不是性。因爲善惡是從氣稟而來，氣就是性；氣有善惡，性當然亦隨之而有善惡，所以說惡亦是性。此地程氏所說的生之謂性就是朱氏的氣質之性，程氏所說的人生而靜以上不容說的性就是朱氏的天命之性。程氏堅決的主張凡說性只能指生之謂性，不容說天命之性。這是程氏對於性氣主張一元的一個很顯明的證據。所以有人問『性相近也，習相遠也，性一也，何以言相近？』程氏回答說：

『此只是言氣質之性，如俗言性急性緩之類。性安有緩急？此言性者生之謂性也。』（二程遺書卷十八）

就此可見程氏所說的生之謂性就是氣質之性。因爲他主張凡說性只指生之謂性，所以性和氣就混合而成爲一個東西了。這是程氏對於性氣主張一元的第一點。

程氏說二　有人問程氏『孔孟言性不同，如何？』他回答說：

『孟子言「性善」是性之本，孔子言「性相近」謂其稟受處不相遠也。人性皆善，所以善者於四端之情可見。故孟子曰：「是豈人之情也哉？」至於不能順其情而悖天理，則流而至

於惡。故曰：「乃若其情則可以爲善矣。」若，順也。』（二程遺書卷二十二上）

此地驟然看去，好像程氏主張有兩種性：就是所稟之性和性之本。但是他此地所說的「性之本」並沒有包涵「天命之性」的意思，因爲我們在前面已經說過，程氏根本上不願提起人生而靜以上的那個性。所以他此地所說的「性之本」還是指那「生之謂性」的本，而所稟之性就是指我們的氣稟。他的意思就是說我們的本性都是相同的，不過氣稟方面各人稍有不同罷了。這種說法和他那性氣一元論並沒有什麼衝突的地方。這是程氏對於性氣一元論加以解釋的第二點。

程氏說三　程氏既然主張性本相同而氣稟各異，所以他主張性本善而氣則有善有不善。他說：

『性卽理也，所謂理性是也。天下之理原其所自未有不善。喜怒哀樂未發何嘗不善？發而中節則無往而不善。』（二程遺書卷二十二上）

他此地以爲性就是理，理旣無不善，所以性亦無不善。程氏又說：

『氣有善不善，性則無不善也。人之所以不知善者氣昏而塞之耳。』（二程遺書卷二十一下）

他又說：

『性無不善，其偏蔽者由氣稟清濁之不齊也。』二程粹言卷二

他此地以爲性無不善而氣則有善有不善。他又說：

『氣之所鍾有偏正，故有人物之殊；有清濁，故有智愚之等。』二程粹言卷二

程氏對於上面這段意思更加以下面的說明：

『性出於天，才出於氣。氣清則才清，氣濁則才濁。譬猶木焉，曲直者性也，可以爲棟梁可以爲榱桷者才也。才則有善與不善，性則無不善。』二程遺書卷十九

他此地以爲性出於天，才出於氣，所以氣的善不善就在才上看出來。總而言之：程氏對於性氣的問題始終主張：

『性無不善，其所以不善者才也。受於天之謂性，稟於氣之謂才。才之善不善，由氣之有偏正也。乃若其情則無不善矣。』二程外書卷七

不過我們此地應該注意程氏雖然把性和氣或者性和才兩兩的對舉，但是他無非說明人才所以

有善惡完全是因爲氣稟不同，並沒有把所謂「天命之性」和「氣質之性」截分爲二，更沒有把善都歸到「天命之性」，把不善都歸到「氣質之性」。這是程氏對於性氣一元論加以解釋的第三點。

性情皆善說　至於性和情的關係，我們在前面已經討論過，程氏認爲一樣的東西，所以他說：

『纔有生後便有性，有性便有情；無性安得情？』二程遺書卷十八

性情既然是一樣東西，那末『性善而情有不善乎？』程氏回答說：

『情者性之動也，要歸之正而已，亦何得以不善名之？』二程粹言卷二

這一個性情皆善的主張亦可以當做程氏主張性氣一元的一個小小的旁證。

總論　總而言之：程氏雖然亦承認有所謂性和所謂氣，但是凡是說性只能專指生之謂性，至於天命之性是人生而靜以上的一段話，不容再說。所謂性既然是專指生之謂性，那末性就是氣，氣亦就是性了，所以性和氣還是同一樣東西，並不是兩相對待。倘使我們對於程氏主張的解釋並無錯誤，那末程氏對於性氣問題完全沒有失去他那一元的立腳點。

朱氏說一　至於朱氏對於性氣的問題主張絕對的二元論，那是我們都知道的了。現在我們再大略敘述他一下。朱氏說：

『天下未有無理之氣，亦未有無氣之理。』（朱子全書卷四十九）

他又說：

『天地之間有理有氣。理也者形而上之道也，生物之本也；氣也者形而下之器也，生物之具也。是以人物之生必稟此理然後有性，必稟此氣然後有形。』（朱子全書卷四十九）

朱氏此地把理氣對舉起來，驟看好像非常平穩，但是實際上和程氏所說的：

『神氣相極周而無餘。謂氣外有神，神外有氣，是兩之也。淸者爲神，濁者獨非神乎？』（二程粹言卷二）

這幾句話根本上大相衝突。程氏此地竭力主張神氣合一而朱氏則絕對主張理氣是兩件不同的東西。朱氏說：

『理氣本無先後之可言，然必推其所從來，則須說先有是理。』（朱子全書卷四十九）

他此地把理放在氣的前面，這又和程氏『陰陽開闔有便齊有』的主張大相衝突了。朱氏又說：

『纔說性字便是以人所受而言，此理便與氣合了。但直指其性，則於氣中又須見得別是一物始得。不可混並說也。』（朱子全書卷四十三）

此地可見朱氏始終不願意附和程氏的主張把性和氣混合爲一個東西。單就以上所引的幾段話看來，我們差不多已經可以證明程朱兩人對於性氣問題根本上實在不同了。

朱氏說二　我們現在再看朱氏怎樣發揮他那性氣二元的論調。他說：

『天地之性是理也，才到有陰陽五行處便有氣質之性。於此便有昏明厚薄之殊。得其秀而最靈乃氣質以後事。』（朱子全書卷五十二）

他此地把天地之性和氣質之性明明白白的分成兩截了。程氏不願說到人生而靜以上的性，我們在前面已經說過。這是朱氏和程氏說法不同的一點。朱氏既說天地之性是理，那末氣質之性難道就不是理？程氏以爲善固然是性，惡亦不可不謂之性。這是因爲程氏說性只肯說氣質之性，所以有這種論調。這是朱氏和程氏說法的不同又一點。

朱氏說三　朱氏對於天地之性和氣質之性有下面這解釋。他說：

『天命之謂性是專言理。雖氣亦包在其中，然說理意較多。』朱子全書卷二十四

他此地所說的話，忽而說專言理，忽而說氣亦包在其中，忽而又說理意較多，似乎不成文理。但是這亦可見朱氏的性氣二元論實在不如程氏一元論那樣痛快那樣澈底。至於氣質之性，朱氏以為：

『生之謂性只是就氣上說得。蓋謂人也有許多知覺運動，物也有許多知覺運動，人物只是一般。不知人之所以異於物者以其得正氣，故具得許多道理。如物則氣昏而理亦昏了。』朱子全書卷二十二

他此地說生之謂性專言氣，因為人氣正物氣昏，所以人具道理而物理就昏了。他一方面把性和理分為二種不同的東西已經和程氏性即理的主張不同，一方面又把氣和理亦分為二種不同的東西，更和程氏氣即神的主張不同。此外朱氏並把人和物分為二種不同的東西，這亦和程氏所說的：

『人在天地之間與萬物同流，天幾時分別出是人是物？』二程遺書卷二上

這幾句話完全相反。

總論　總而言之：朱氏對於性氣的問題完全抱一個二元論的態度，一定要把天命之性和氣

質之性兩相對舉起來。至於程氏對於這個問題的態度和他對未發已發的問題態度一樣，雖然沒有絕對否認所謂「天命之性，」但是絕對不願討論到這個「天命之性」只願意談到「生之謂性，」這是因爲程氏是一個澈底的正宗儒家所以不願鑿空的去討論那形而上的玄理。這可以說是程朱兩人學說上根本不同的一點。此外朱氏處處要把性和理或者理和氣「岐而兩之，」這和程氏處處要把這類名詞的意義合併爲一的態度亦完全相反。

第二節　已發未發的問題

已發未發問題　什麼叫做已發未發的問題？原來中庸上有一句話就是：

『喜怒哀樂之未發謂之中。』

這一句話引起後代儒家許多許多的討論，到了南宋時候尤其是議論紛紜。程氏和朱氏對於這句話當然亦各有見解。他們兩人的哲理我們既然知道根本上完全不同，所以他們兩人對於這句話的解釋亦就各有主張不能一致。

程氏說一　程氏對於這句話的見解仍舊用他那一元論的態度以爲人心無論已發或未發

都是中。所以有人問他：『有已發之中，有未發之中，中有二耶？』他回答說：

『非也。發而中節是亦中也。對中而言之則謂之和可也。以其發故也。』（二程粹言卷一）

無論已發未發既然都是中，那末我們當然不可以求中於喜怒哀樂未發之前了。所以有人問：『喜怒哀樂未發之前求中可否？』他回答說：

『不可。既思於喜怒哀樂未發之前求之，又卻是思也。既思即是已發。纔發便謂之和，不可謂之中也。』（二程遺書卷十八）

程氏此地的意思好像以爲未發時當然是中，不必再勉強去求中。倘使勉強去求未發的中，那末當勉強去求的時候我們就已經用過一種思考，一有思考就是已發了。

程氏說二　程氏既然主張無論已發未發都是中，而且主張我們不可求中於未發之前，那末我們對於未發前應該用消極的靜的工夫呢？還是積極的敬的工夫呢？程氏究竟是一個正宗的儒家，他的思想是積極的，絲毫不肯和道佛兩家一樣取消極的態度。所以他主張未發前決不可下靜字，應該先理會敬字。因此有人問他：『夫子於喜怒哀樂之未發也，謂靜而已乎？』他回答說：

『汝必從事於敬以直內，則知而得之矣。』二程粹言卷一

又有人問他：『先生於喜怒哀樂未發之前下動字下靜字？』他又回答說：

『謂之靜則可，然靜中須有物始得。這裏便是難處。學者莫若且先理會得敬。能敬則自知此矣。』二程遺書卷十八

總論　總而言之，程氏對於這個已發未發的問題態度非常的謹慎。他始終只願討論已發的部分而不願多談未發的部分。就是有時不得已而要討論到未發的部分，他亦只肯叫我們先去理會敬，而不肯下一個靜字。我們總覺得程氏對於這一個問題中未發的部分好像他的見解不十分斬截，好像他故意避去未發問題的討論。這一點是否因爲他想免得墮入道佛的窠臼，那我們卻不敢武斷。不過他的見解和朱氏大不相同，那是我們再看下文所述就可以完全明白的。

朱氏說一　至於朱氏對於這個問題，因爲他是一個二元論的哲學家，所以他的態度比較的顯明，他的論調比較的有系統。不過他仍舊不脫他那「太極圖」的圈套。他說：

『中字是狀性之體，性具於心。發而中節則是性自心中發出來也，是之謂情。』朱子全書卷二十四

這就是說未發是藏在心中的性，已發是心中發出來的情。朱氏本來絕對接受張載『心統性情』的主張，所以他對於這個已發未發的問題當然仍舊用同樣的見解去解決他。

朱氏說二　他又說：

『未發者太極之靜，已發者太極之動也。須如此看得方無偏滯，而兩儀四象八卦十二爻之說皆不相礙矣。』（朱子全書卷二十四）

這種論調顯然又落入「太極圖」的舊套，以心去比附太極，以性去比附靜，以情去比附動。這是道家的老調，沒有什麼新奇的地方。所以有人問朱氏：『戒懼者所以涵養於喜怒哀樂未發之前，愼獨者所以省察於喜怒哀樂已發之後。不知經意與日用之功是如此否？』他回答說：

『此說甚善！』（朱子全書卷二十四）

這種對比流暢的文章原是朱氏所最擅長的一種技術。後代學者對於朱氏所以這樣的傾倒，恐怕就是他那枝文筆的力量。總而言之，朱氏對於這個問題，一方面把已發和未發雙雙對舉，銖兩悉稱，一方面把未發看作太極的靜，都不但不是程氏的意思，而且亦和程氏的見解相反。

赤子之心　此外程氏曾經以爲所謂赤子之心是指已發。所以有人問他：『雜說中以赤子之心爲已發，是否？』他回答說：

『已發而去道未遠也。』二程遺書卷十八

而朱氏對於這個問答卻要持異議。他說：

『赤子之心也有未發時，也有已發時。今欲將赤子之心專作已發看，也不得。赤子之心方其未發時亦有老稚賢愚不同。但其已發未有私欲，故未遠乎中耳。』朱子全書卷二十一

朱氏這段話與其說是對於程氏意思的曲解，不如說他是對於程氏主張的駁議。我們往往誤以朱氏爲能發揮程氏的理論就在這一種地方。

中的問題　我們上面所述的都是關於已發未發的問題。現在還有一個和這個問題有密切關係的問題不能不加以討論。這就是『喜怒哀樂之未發謂之中』這句話裏的中字問題。這一個中字的問題原亦是我國儒家哲學上一個中心問題，值得我們研究中國學術者的注意。程朱兩人對於已發未發的見解既然各不相同，那末他們兩人對於中字的解釋當然亦是各持異議了。好在

對於這個問題朱氏自己已經做過一篇詳備的文章，我們只要讀他這一篇文章就可以看出程朱兩人對於這個字所見不同的地方究竟是在那裏。朱氏說：

『前此因程氏凡言心者皆指已發之云，遂目心爲已發而以性爲未發之中，自以爲安矣。比觀程子文集遺書，見其所論多不符合。因再思之，乃知前日之說雖於心性之實未始有差，而未發已發命名未當，且於日用之際欠卻本領一段工夫。蓋所失者不但文義之間而已。因條其語而附以己見告於友朋，願相與講焉。恐或未然，當有以正之。『文集云：「中卽道也。」又曰：「道無不中，故以中形道。」又云：「中卽性也，此語極未安。中也者所以狀性之體段，如天圓地方。」又云：「中之爲義自過不及而立名。若只以中爲性，則中與性不合。」又云：「性道不可合一而言。中止可言體而不可與性同德。」又云：「中性之德，此爲近之。」又云：「不若謂之性中。」又云：「喜怒哀樂之未發謂之中。赤子之心發而未遠乎中，若便謂之中，是不識大本也。」又云：「赤子之心可以謂之和，不可謂之中。」

『遺書云：「只喜怒哀樂不發便是中。」又云：「旣思便是已發，喜怒哀樂一般。」又云：「當中之時，耳無聞，目無見，然見聞之理在始得。」又云：「未發之前謂之靜則可。靜中須有物始得。這裏最是難處。能敬則自知此矣。」又云：「敬而無失，便是喜怒哀樂未發謂之中也。敬不可謂之中，但敬而無失，卽所以中也。」又云「中者天下之大本。天地間亭亭當當直上直下之理，出則不是。惟敬而無失最盡。」又云「存養於未發之前則可，求中於未發之前則不可。」又云：「未發更怎求？只平日涵養便是。涵養久則喜怒哀樂發而中節。」又云：「善觀者卻於已發之際觀之。」

『右據此諸說，皆以思慮未萌事物未至之時爲喜怒哀樂之未發。當此之時，卽是心體流行寂然不動之處。而天命之性體段具焉。以其無過不及不偏不倚，故謂之中。然已是就心體流行處見，故直謂之性則不可。呂博士論此大概得之。特以中卽是性，赤子之心卽是未發，則大失之。故程子正之。蓋赤子之心動靜無常，非寂然不動之謂，故不可謂之中。然無營欲知巧之思，故爲未遠乎中耳。

『未發之中本體自然，不須窮索。但當此之時，敬以持之，使此氣象常存而不失，則自此而發者其必中節矣。此日用之際本領工夫。其曰卻於已發之處觀之者，所以察其端倪之動而致擴充之功也。一不中則非性之本然，而心之道或幾乎息矣。故程子於此每以敬而無失爲言。又云「入道莫如敬，未有能致知而不在敬者。」又曰：「涵養須是敬，進學則在致知。」以事言之則有動有靜。以心言之則周流貫澈，其工夫初無間斷也。但以靜爲本耳。』

上面這半篇文章先去引述程氏對於中字的各種見解，再由朱氏加以說明。現在再看朱氏在後半篇文章中怎樣批駁程氏見解的不合。朱氏繼續的說：

『向來講論思索，直以心爲已發，而所論致知格物亦以察識端倪爲初下手處。以故缺卻平日涵養一段工夫。其日用意趣常偏於動，無復深潛純一之味。而其發之言語事爲之間，亦常躁迫浮露，無古聖賢氣象。由所見之偏而然爾。』

朱氏這幾句話驟看好像是責備他自己。其實他在暗駡程氏的見解太偏，和懊悔自己從前不該誤信程氏的學說。他又繼續說：

『程子所謂「凡言心者皆指已發而言。」此卻指心體流行而言，非謂事物思慮之交也。然與中庸本文不合，故以爲未當而復正之。固不執其已改之言而盡疑論說之誤，又不可遂以爲未當而不究其指之殊也。』

這是顯然攻擊程氏的見解以爲和中庸本文不合了。他的結論說：

『周子曰「無極而太極。」程子又曰：「人生而靜以上不容說。纔說時便已不是性矣。」蓋聖賢論性無不因心而發。若欲專言之，則是所謂無極，而不容言者亦無體段之可名矣。未審諸君子以爲如何？』朱子全書卷二十四

朱氏到此仍舊要轉到「太極圖」中去，以爲澈底的說起來，所謂性實在是一種沒有體段可名的無極。總而言之，朱氏在這全篇文章中明明說程氏以心爲已發未免缺卻平日涵養一段工夫，日用意趣常偏於動，無復深潛純一之味。而且亦和中庸本文不合。我們倘使讀過這一篇文章，還要說程朱兩人同屬一派，那就要犯人云亦云的毛病了。

第三節　知行的問題

知行問題　程氏是一個一元哲學家，所以他對於知行的問題主張合一而對於行字尤其看

得重要。儒家的一元論所以和佛家的一元論完全不同就在這種地方。我們譬如以知行兩字來說：儒家的主張以為行就是知，知的目的本在行；佛家則以為知較行為重要，所以我們只要求知，那末行起來自然頭頭是道了。表面上看來好像儒家是逐末的，所以被佛家罵為『支離』；佛家是務本的所以被儒家罵為『空虛』。這種異同都是在幾微毫髮之間，所以我們加以研究時總覺得他們非常混亂。而道家一派中人就想起來做一個中間人，一面採取儒家逐末的工夫，一面亦採取佛家務本的工夫，自己以為是能夠執其兩端而折衷之。朱氏的態度就是完全如此。而且我們要知道這種「首鼠兩端」的哲學在和別家辯論時最為有利。我們試看當朱氏要攻擊陸九淵這派佛家的時候，他就轉一個方向站在儒家的地位上，罵他們為知一不知二；他要攻擊程氏一派儒家的時候，他又轉一個方向站在佛家的地位上，罵他們為舍本而逐末。我國的學者所以往往誤朱氏為能集我國各家思想的大成，我們研究朱氏的學說所以往往弄得眼花撩亂看不分明，原因就都在此。

現在讓我們看程朱兩人對於知行問題的態度怎樣。

學必求用　程氏對於知行的問題有一個前提，這就是學必求有用。他說：

他又說：

『治其器必求其用。學道者當如何爾。』二程外書卷一

『百工治器必貴於有用。器而不可用，工不爲也。學而無所用，學將何爲也？』二程粹書卷一

他此地堅決的主張學必求其有用。他又說：

『窮經將以致用也。今世之號爲窮經者果能達於政事專對之間乎？則其所謂窮經者章句之末耳。此學者之大患也。』二程遺書卷四

他此地主張窮經必以致用爲目的。他這種求用的主張後來流入浙東之後就變成朱氏眼中所謂「功利之學」的一派。著者所以認定程氏爲浙東學派的開山，這亦是一個理由。這是程氏對於知行問題的第一個見解。

學必須行　程氏既然主張學必求用，那末學成後當然要注重實行了。所以他說：

『學貴乎成，既成矣將以行之也。學而不能成其業，用而不能行其學，則非學矣。』二程粹言卷一

他又說：

他又說：

『未有知之而不能行者。謂知之而未能行，是知之未至也。』二程粹言卷一

『力學而得之，必充廣而行之。不然者局局其守耳。』二程粹言卷一

他此地再三的主張既知了必能行，既學了亦必須行；如不能行就是未知和未學。這是程氏對於知行問題的第二個見解。

知行合一　程氏既然主張學貴有用，而且必須實行，於是再進一步發出下面這一類知行合一的論調。他說：

『學者言入乎耳，必須著乎心，見乎行事。如只聽他人言，卻似說他人事，己無所與也。』二程遺書卷十八

這段議論明明叫我們要知行合一了。他又說：

『學者有所得，不必在談經論道間，當於行事動容周旋中禮得之。』二程粹言卷十

他此地以爲學者的心得要能夠實行起來，單單談論決是不夠。尹醇嘗問程氏『如何是道？』程氏

覺回答說：

『行處是。』二程外書卷十二

這三個字極足以代表儒家方面對於知行問題的一元態度。這是程氏對於知行問題的第三個見解。總而言之程氏對於知行的問題亦和佛家一樣主張合一，不過佛家的合一以知爲主，儒家的合一以行爲主，這是根本上儒佛所以不同的地方，亦就是程氏一派的一元論和陸九淵一派的一元論所以不同的地方。

先知後行　現在我們試看朱氏怎樣用道家二元論的態度來調和這個問題。朱氏把知和行完全分成兩橛，而且始終主張先知而後行。他說：

『汎論知行之理而就一事之中以觀之，則知之爲先，行之爲後，無可疑者。』朱子全書卷三

他又說：

『知與行之夫須著並到。知之愈明則行之愈篤，行之愈篤則知之益明，二者皆不可偏廢。然又須先知得，方行得。』朱子全書卷三

他此地一方面說知和行不可偏廢，一方面又說先知而後行，這個論調完全根據他那道家的「太極圖」而來，就是要有一個陰和一個陽，同時又要有一個太極。朱氏哲學的全部結構實際上就是一個「太極圖」這一點我們在前面已經屢次敍述過，此地不必再去發揮了。

行處非道　至於朱氏怎樣去推翻程氏『行處是道』那句話，我們看下面這段朱氏和王子充的問答就明白了：

『王子充問「某在湖南見一先生只教人踐履。」朱子曰：「義理不明，如何踐履？」曰：「他說行得便見得。」曰：「如人行路，不見便如何行？」』（朱子全書卷三）

我們在前面曾經說過朱氏要反對儒家正宗學說的時候，他往往站在佛家的地位來駡儒家忘本，上面這個故事亦就是一個小小的例證。總而言之：程氏對於知行的問題主張合一而且主張以行爲主。朱氏則以爲知和行固然不可偏廢，但是知應該居先而行則在後。此地一元論和二元論的主張非常顯著，亦足以證明程朱兩人的見解根本不同。

仁字的意義　我們此地還要附帶敍述程朱兩人對於仁誠兩個名詞的意義怎樣各抱一種

不同的解釋。

程氏以爲仁是性，愛是情，所以仁者固愛但是愛不就是仁。他說：

『孟子曰「惻隱之心仁也。」後人遂以愛爲仁。惻隱固是愛也。愛自是情，仁自是性，豈可專以愛爲仁？韓退之言「博愛之謂仁，」非也。仁者固博愛，然便以博愛爲仁，則不可。』（二程遺書卷十八）

而朱氏竟大不以爲然，以爲離愛說仁，未免懸空揣摸，弊病百出，所以非痛加駁斥不可。他說：

『類聚孔孟言仁處以求夫仁之說，程氏爲人意可謂彌切。然專一如此用功，卻恐不免長欲速好徑之心，滋入耳出口之弊，亦不可不察也。大抵二先生之前學者全不知有仁字，凡聖賢說仁處不過只作愛字看了。自二先生以來學者始知理會仁字，不敢只作愛說。然其流復不免有弊者，蓋專務說仁，而於操存涵養之功不免有所忽略；故無復優柔厭飫之味，克己復禮之實不但「其蔽也愚」而已。而又一向離了愛字，懸空揣摸，既無眞實見處，故其爲說恍惚驚怪，弊病百出；殆反不若全不知有仁字而只作愛字看卻之爲愈也。』（朱子全書卷四十七答張敬夫）

朱氏此地自以爲罵得太痛快了，所以他隨即向張栻聲明他的理由：

『以愛論仁猶升高自下，尙可因此附近推求，庶其得之。若如近日之說則道近求遠一向沒交涉矣。此區區所以妄爲前日之論而不自知其偏也。』（朱子全書卷四十七）

這是朱氏對於仁字的解釋反對程氏的一點。

誠字的意義　至於誠字的意義，程氏以爲誠就是實理。他說：

『夫誠者實而已矣。實有是理故實有是物，實有是物故實有是用；實有是理故實有是心，實有是心故實有是事。是皆原始要終而言也。箕不可以簸揚則箕非箕矣。斗不可以挹酒漿，則斗非斗矣。種禾於此則禾之實可收也，種麥於此則麥之實可收也。如未嘗種而望其收，雖荑稗且不可得，況禾麥乎？是所謂「誠者物之終始，不誠無物也。」』（程氏經說卷八中庸解）

而朱氏則以爲誠不單作實理解，亦當作誠慤解。他說：

『誠實理也，亦誠慤也。由漢以來專以誠慤言誠，至程氏乃以實理言。後子皆棄誠慤之說。不觀中庸亦有言實理爲誠處，亦有言誠慤爲誠處，不可只以實理爲誠而以誠慤爲非誠也。』

朱子全書卷四十八

這是朱氏對於誠字的解釋反對程氏的又一點。此外程朱兩人對於各種名詞見解不同的地方還有幾處，但是單就我們所述的一部分看來，他們兩人哲學上見解的各異已經有相當的證據，所以我們不再列舉下去了。

第四節　義利公私善惡經權的分別

義利等的見解　程氏的理論既然以一元爲立脚點，主張天人無二物我一理，因此他對於義利公私善惡經權等等相對的名詞亦別具一種特殊的見解，和道家善惡相對的倫理觀念幾乎全不相同。他這種特殊的見解後來便流而爲浙東史學家的「功利之學」。著者所以要推出程氏去做浙東史學的開山，後來朱氏一派所以竭力排斥浙東的史學原因就都是在此。

義爲利之和　程氏以爲所謂義和利並沒有絕對的分別，實在是同一樣東西。他說：

『子罕言利，非使人去利而就害也。蓋人不當以利爲心。易曰：「利者義之和。」以義而致利斯可矣。』二程外書卷六此地程氏明明把利當做『義之和，』而且說孔子未嘗『使人去利而就害。』他答趙景平問『子罕言利與命與仁，』所謂利者，何利?』說：

『不獨財利之利。凡有利心皆不可。如作一事須尋自家穩便處皆利心也。聖人以義爲利，義安處便爲利。』二程遺書卷十六

此地程氏明明說『義安處便爲利。』他又說：

『所謂利者一而已。財利之利與利害之利實無二義。以其可利故謂之利。聖人於利不能全不較論，但不至妨義耳。乃若唯利是辨，則忘義矣，故罕言。』二程外書卷七

此地他又明說『聖人於利不能全不較論。』又有人問程氏『利與以利爲本之利同否?』他說：

『凡字只有一個，用有不同。只看如何用。凡順理無害處便是利。君子未嘗不欲利。然孟子言「何必曰利」者蓋只以利爲心則有害。如「上下交征利而國危」便是有害。「未有仁而遺其親，未有義而後其君。」不遺其親不後其君便是利。仁義未嘗不利。』二程遺書卷十九

程氏此地不但明說『凡順理無害處便是利，』和『君子未嘗不欲利。』而且竟說『仁義未嘗不

利。」

天下只是一個利　程氏既然主張利是義之和，義安處便是利，凡順理無害處便是利；而且亦主張聖人未嘗叫人去利而就害，聖人於利不能全不較論，君子未嘗不欲利，仁義未嘗不利；所以他竟大膽的放出下面這一段議論：

『「故」者以利爲本，「故」是本如此也。纔不利便害性。利只是順。天下只是一個利。孟子與周易所言一般。只爲後人趨着利便有弊，故孟子拔本塞源不肯言利。其不信孟子者卻道不合非利，李覯是也。其信者又直道不得近利。人無利只是生不得。安得無利？且譬如椅子，人坐此便安，是利也。如求安不已，又要褥子以求溫煖。無所不爲然後奪之於君，奪之於父，此其趨利之弊也。利只是一個利，只爲人用得別。』二程遺書卷十八

程氏此地竟明目張膽的說天下只是一個利；人無利只是生不得，安得無利；利只是一個利，只爲人用得別。他這種大膽的論調後來流到浙江以後就發展而產出陳亮的『功到成處便是有德，事到濟處便是有理』陳傅良止齋文集卷三十六與陳同甫　那種驚人的說法，大受朱氏的攻擊。實際上浙東史學派中人

的見解大部分都是淵源於程氏。關於這一點不是一兩句話就可以了事，所以我們留在結論中去討論他。

義利無別　程氏既然始終主張天下只是一個利，所以他不肯承認義和利是兩件相對待的東西。他說：

『義利云者公與私之異也。較計之心一萌，斯爲利矣。』（二程粹言卷一）

他又說：

『孟子辨舜跖之分，只在義利之間。言間者謂相去不甚遠，所爭毫末爾。義與利只是個公與私也。纔出義便以利言也。只那計較便是爲有利害。若無利害何用計較？利害者天下之常情也。人皆知趨利而避害，聖人則更不論利害，唯看義當爲與不當爲，便是命在其中也。』（二程遺書卷十七）

程氏的意思就是說義和利的本身原來並沒有什麼絕對的區別。這兩個字的區別完全從我們存心的公和私發生出來。倘使我們的存心爲公，那末我們一切的舉動就都是義，亦就都是利。這個時候的義和利完全是一個東西，而且據程氏的意思可以用一個利字去概括他們。義和利所以發生區別的緣故，就是因爲我們的存心是在於私。聖人的存心既然是大公無私，所以他雖然亦較論利害，但是仍舊不失其爲聖人。照上面所述的看來，程氏對於義利兩個字始終要用他那一元論的見解去解釋他們，把他們看做一個同樣的東西。

公同私異　我們在此地可以聯帶討論程氏對於公私的觀念。程氏說：

『公則同，私則異。同者天心。』二程粹言卷二

他又說：

『公則一，私則萬殊。至當歸一，精義無二。人心不同如面，只是私心。』二程遺書卷十五

他的意思以爲公則同，私則異。同的是天心，異的是人心。就理而論，我們的存心應該公而不私，同而不異；這是因爲『至當歸一，精義無二』的緣故。這種說法和現代科學上所謂客觀主觀的意義大致相同，又是程氏從一元論上出發的一種特殊的見解。

無私無我　程氏既然主張以存心的公私來做辨別義利的標準；而且主張公的是天心，私的

是人心；所以他要我們做一個無私無我的聖人。他說：

『聖人無私無我，故功高天下，而無一介累其心。蓋有一介存焉，未免乎私己也。』二程粹言卷二

他又說：

『人纔有意於爲公，便是私心。』二程遺書卷十八

他這種無私無我的主張就是現代學術上所謂科學的客觀的態度。所以我國南宋以來程、朱、陸三家的態度恐怕要推程氏爲最近於現代所謂科學家。

天地無心別善惡　程氏不但對於義利和公私抱有特殊的一元的見解，就是對於善惡的問題亦曾提出同樣驚人的解答。他說：

『聖人卽天地也。天地中何物不有？天地豈嘗有心揀別善惡？一切涵容覆載，但處之有道爾。若善者親之，不善者遠之，則物不與者多矣。安得爲天地？』二程遺書卷二上

他此地不但不主張有什麽善惡的區別。而且幾乎要想把這種區別根本上打銷了，所以說『天地豈嘗有心揀別善惡？』他這種闊大的規模，當然和一班倫理學家斤斤於善惡之分是非之辨，大不

相同。

小人本不小　程氏既然胸中抱有「天地無心揀別善惡」的見解，所以他對於一般倫理學家所最通用的相對的名詞——君子和小人——亦把他完全推翻了。他說：

『小人小丈夫不合小了，他本是不惡。』二程遺書卷二

他這種「與人爲善」的態度何等的恢廓！我們到此不能不感覺到朱氏一派倫理的規模實在有點迫窄，浙東史學派中人的起來反抗——尤其是永康的陳亮——實在不能說他們沒有相當的理由。程氏又說：

『陰爲小人，利爲不善，不可一概論。夫陰助陽以成物者君子也，其害陽者小人也。夫利和義者善也，其害義者不善也。』二程遺書卷十九

他又說：

『陰之道非必小人也，其害陽則小人也。其助陽成物則君子也。利非不善也，其害義則不善也。其和義則非不善也。』二程粹言卷一

程氏的意思無非想把普通倫理家的種種相對的觀念根本推翻，所以說陰非必小人，利非必不善。這亦可以證明程氏一元哲學的理論非常澈底。

權非拂經　程氏對於經權兩個字的意義亦抱有同樣的觀念。他說：

『世之學者未嘗知權之義。於理所不可則曰姑從權。是以權爲變詐之術而已矣。夫臨事之際稱輕重而處之以合於義，是之謂權。豈拂經之道哉？』（二程粹言卷一）

他此地明說『權豈拂經之道哉？』可見經和權並不是兩個相對的名詞，實在是同一個東西的兩面。

總論　總而言之：程氏對於義利兩個字的見解以爲利是義之和，天下只是一個利。他對於公私兩個字的見解以爲『至當歸一，精義無二』聖人無私無我，所以功高天下。他對於善惡兩個字的見解以爲天地無心揀別善惡，而且陰陽和善惡亦並沒有聯帶的和相對的關係。他對於經權兩個字的見解亦以爲經和權並不是兩相對待的東西。程氏所抱的見解處處都足以表出他那一元的論調來推翻一般二元論的倫理學，這和道家的「相對論」當然是完全不同。現在讓我們再看朱氏對於這種種名詞的見解怎樣和程氏相反。

辨義利　朱氏對於義利、善惡等等名詞的見解和程氏的完全不同。有人問『應事接物，別義利，如何得不錯？』朱氏回答說：

『先做切己工夫，喻之以物，且須先做本子。本子既成，便只就這本子上理會。不然，只是懸空說易。』（朱子全書卷三）

他此地主張別義利須先做本子，否則就只是懸空說易。這和他那唯心的態度固然是完全一貫。但是倘使我們要把程朱當作一家，那末程氏就決沒有這種先本後末的見解。關於這一點我們在前面已經詳細討論過了，此地可以不再去多說。這是朱氏對於義利的見解和程氏不同的第一點。

心安處不就是義　朱氏又說：

『須於日用間令所謂義了然明白。或言心安處便是義。亦有人安其所不當安，豈可以安爲義也？』（朱子全書卷四）

他此地一方面主張要在日用間明白所謂義的意思，這已經和程氏道無先後理無本末的主張不同；而且一方面又說明心安處不就是義，這豈不是暗中在那裏指謫程氏義安處便是利那句話麽？

孟子說利不如董生　朱氏又說：

『孟子說：「未有仁而遺其親，未有義而後其君。」便是仁義未嘗不利。然董生卻說：「正其誼不謀其利，明其道不計其功。」又是仁義未必皆利。則是不免去彼而取此。蓋孟子之言雖是理之自然，然到直截剖判處卻不若董生之有力也。』（朱子全書卷四）

他此地雖然承認孟子仁義未嘗不利的話爲理之自然，但是說不如董仲舒仁義未必皆利的話來得有力，所以他主張去孟子而取董生。其實孟子的話是圓渾的話，合於一元的見解，所以爲程氏所取而爲朱氏所去，董氏的話是兩兩相對直截分明合於二元的見解，而且我們又明明知道董氏是一個道家，所以朱氏賞識他以爲勝於孟子。這是朱氏對於義利的見解和程氏不同的第二點。

君子小人　朱氏對於義利既然分得極清，所以他對於君子小人亦分得極明。他說：

『世間喻於義者則爲君子，喻於利者卽是小人。而近年一種議論乃欲周旋於二者之間，回互委曲，費盡心機。卒既不得爲君子，而其爲小人亦不索性，亦可謂誤用其心矣。』（朱子全書卷四）

他此地雖然是在罵當時一班浙東史學派中人，但是同時亦就罵到了程氏。因為程氏所說的『小人本不惡』和『陰不必為小人』等的說法，我們用朱氏的兩元論眼光來看實在有點『周旋於二者之間，回互委曲費盡心機，』無怪朱氏要認為君子小人兩不澈底了。這是朱氏對於君子小人的見解和程氏不同的第三點。

善惡　至於善惡的問題曾有人問朱氏『有陰陽便有善惡？』他回答說：

『陰陽五行皆善。陰陽之理皆善。合下只有善，惡是後一截事。豎起看皆善，橫看後一截方有惡。有善惡，理卻皆善。』（朱子全書卷五十二）

朱氏此地對於善惡的分別說得極細：有所謂前一截，有所謂後一截，有所謂豎看，有所謂橫看，有所謂皆善，有所謂有善有惡。這和程氏那種圓渾的說法完全不同。這是朱氏對於善惡的見解和程氏不同的第四點。

是非　此外朱氏對於是非一層看得極重要，分得極清楚。這一點亦可以看出朱氏始終不肯失掉他那二元的本色，但是和程氏卻背道而馳了。朱氏說：

『人爲學須要知個是處。千定萬定知得這個徹底是，那個徹底不是，方是見得徹。見得是，則這心裏方有所主。』朱子全書卷三

這是說我們對於是非要有澈底的了解，心裏方有所主。他又說：

『凡一事便有兩端：是底卽天理之公，非底乃人欲之私。須事事與剖判極處，卽克治擴充工夫，隨事著見。』朱子全書卷四

這是說是是天理，非是人欲，我們要把他們分得極清。他又說：

『大抵事只有一個是非。是非旣定，卻揀一個是處行將去。』朱子全書卷三

這是說是非旣定再揀一個是處行將去。

朱說的估價　此地朱氏的意思以爲凡事總有個是非，是是天理，非是人欲，我們要分別清楚，再揀一個是處做去。他這種理論在二元的倫理學家眼中看來固然是平正通達；但在一元哲學家看來就不免要感到他太沒有科學的根據了，而且和程氏的見解亦正相反對。程氏說：

『閑邪，則誠已存，非取誠於外納諸中而存之也。故役役然於不善之中求善而爲之，必無入

善之理。』二程粹言卷一

我們倘使贊同程氏的說法，那末朱氏所說的我們要分別事的是非和我們要揀一個是處行將去的種種工夫，都是程氏所說的『役役然於不善中求善而爲之必無入善之理』了。這是朱氏對於是非的見解和程氏不同的第五點。

總論　總而言之：程氏對於義利、公私、善惡、是非等等名詞的見解，完全是一元的說法，一定要把他們糅成一個東西。看不淸這一點的人往往誤以程氏一派的浙東史學爲『義利雙行，王霸並用，』這就是一個最大的原因。而程氏的學說趨到極端的時候，就會產出浙東史學大家陳亮所主張的『功到成處便是有德，事到濟處便是有理』那種驚人的而且亦是危險的話。這和現代極端唯物論者那種求達目的不擇手段的中心思想幾乎完全相同。至於朱氏的二元倫理學對於天下事物一定先要辨明是非才去着手工作，這種態度雖然缺乏科學的根據，卻穩當多了，緩和多了。朱氏的學說所以能夠獨霸我國學術界，我國的統治階級所以特尊朱氏，原因恐怕就都在此罷！

第五節　生死鬼神命數等問題

程朱兩氏的態度　我國純正的儒家對於生死鬼神命數等問題向來抱一種不信或者不理的態度。這是因為孔子曾有『未能事人，焉能事鬼？』『未知生，焉知死？』『子罕言命，』和『子不語怪力亂神，』等等的主張，所以不信和不理的態度可以說是儒家最純正的態度。但是我國的原始宗教中最初就包有生死、鬼神、命數等等迷信的成分，自從戰國末年以後逐漸被一班方士所吸收成為道家信仰的一部分。我國現代的社會中所以還有這種迷信的存在而且非常普遍的緣故，就是一方面因為他們的歷史已經很是悠久，一方面因為有純粹的道士和一班「儒化」的道家竭力去鼓吹他們。程氏是一個正宗的儒家，所以他對於這種種問題當然抱不信不理的態度；朱氏是一個「儒化」的道士，所以他於這種種問題當然要相信要理會了。這亦是程朱兩人不屬一家的一個證據。

死生人鬼一而二二而一　現在我們先來敘述程朱兩人對於生死鬼神問題的態度。程氏說：

『晝夜者死生之道也。知生之道則知死矣，盡人之道則能事鬼矣。死生人鬼一而二二而一者也。』（二程粹言卷一）

他此地仍舊用他那一元論的法寶來破除死生、人鬼的界限和迷信。這是程氏對於死生鬼神問題所抱的一個根本的態度。

程氏的無鬼論　程氏既然在根本上主張死生人鬼一而二二而一；所以他對於鬼物神怪等等的東西都絕對的不肯相信。生在北宋末年道家空氣極其瀰漫的社會中，程氏竟能夠堅持這種科學的態度，這不能不引起我們現代人的驚服。程氏說：

『古之言鬼神不過著於祭祀。亦只是言如聞歎息之聲，亦不曾道聞如何言語，亦不曾道見如何形狀。如漢武帝之見李夫人只為道士先說與在甚處，使端目其地，故想出也。然武帝作詩，亦曰：「是耶？非耶？」嘗問好談鬼神者皆所未曾聞見，皆是見說，燭理不明便傳以為信也。假使實所聞見，亦未足信，或是心病，或是目病。如孔子言：「人之所信者目，目亦有不足信者耶？」此言極善。』二程遺書卷二下

程氏此地說凡古來說鬼神的人只是耳聞，不是目見；即使目見亦不足信，因為我們或者有心病和目病的緣故。他這種態度完全是實驗的和唯理的態度。我們所以獨稱程氏為宋末學者中最近科

學家的一個人，這亦是一個理由。他又說：

『師巫在此，降言在彼，只是拋得遠，決無此理。又言留下藥，尤知其不然。生氣盡則死，死則謂之鬼可也。但不知世俗所謂鬼神何也？聰明如邵堯夫猶不免致疑在此，嘗言：「有人家若虛空中聞人馬之聲。」某謂：「既是人馬，須有鞍韉之類皆全，這個是何處得來？」堯夫言：「天地之間亦有一般不有不無底物。」某謂：「如此說，則須有不有不無底人馬！」凡百皆爾，深不然也。』二程遺書卷二下

程氏此地所抱的科學態度眞是非常的顯著，所以他的無鬼論亦就非常的強硬。總之程氏以爲凡言鬼物的人：

『若是人傳，必不足信。若是親見，容是眼病。』二程外書卷十二

這是程氏無鬼論的第一點。

程氏以爲凡信鬼神都是因爲不明理的緣故。他說：

『今日雜信鬼怪異說者，只是不先燭理。若於事上一一理會，則有甚盡期？須只於學上理會。

有人問：『人多惑於鬼神怪異之說何也？』他說：二程遺書卷二下

『不明理故也。求之於理，事則奚盡。求之於理則無蔽。故君子窮理而已。』二程粹言卷二

又有人問『如何可以曉悟其理？』他說：

『理會得精氣爲物，遊魂爲變，與原始要終之說，便能知也。須是於原字上用工夫。……既是變則存者亡，堅者腐，更無物也。』二程遺書卷十八

此地上半段是一元論，下半段是唯物論，都足以說明他那無鬼論的主張。這是程氏無鬼論的第二點。

程氏的物理論　總而言之：程氏是一個唯理論者亦是一個唯物論者，所以他說：

『心所感通者只是理也。知天下事有卽有，無卽無，無古今前後。至如夢寐皆無形，只是有此理。若言涉於形聲之類，則是氣也。物生則氣聚，死則散而歸盡。有聲則須是口，既觸則須是身。其質既壞，又安得有此？乃知無此理便不可信。』二程遺書卷二下

他此地以爲無形的東西，只要合理，當然可信；若說到有形有聲的東西，那就不能不根據物理來說話，先要問有沒有口和身？但是凡物死了則氣散，其質旣壞，又那來口和身？所以他斷定就物理上講，世間決不能有鬼物這類東西。就此看來，程氏的無鬼論完全是一種極合現代所謂科學的論調。

無妖無仙論　程氏對於妖怪和神仙亦抱不信的態度。所以有人問：『莫是人自興妖？』他說：

『只妖亦無，皆人心興之也。世人只因祈禱而有雨，遂指爲靈驗耳。豈知適然？某嘗至泗州，恰値大聖見。及問人曰：「如何形狀？」一人曰：「如此，」一人曰：「如彼。」只此可驗其妄。興妖之人皆若此也。』（二程遺書卷二十二上）

又有人問：『神仙之說有諸？』他說：

『不知如何？若說白日飛昇之類則無。若言居山林間保形鍊氣以延年益壽則有之。譬如一爐火，置之風中則易過，置之密室則難過。有此理也。』（二程遺書卷十八）

就此可見程氏對於怪物和神仙等都絕對抱一種唯物的實驗的態度加以否認。

卜筮爲理的反應　至於卜筮和祭祀，程氏亦以爲只是一種理的反應。他說：

『卜筮之能應，祭祀之能享，亦只是一個理。蓍龜雖無情，然所以爲卦而卦有吉凶，莫非有此理。以其有是理也，故以是問焉，其應也如響。若以私心及錯卦象而問之，便不應。蓋沒此理。今日之理與前日已定之理只是一個理，故應也。至如祭祀之享亦同。鬼神之理在彼，我以此理向之，故享也。不容有二三，只是一理也。如處藥治病亦只是一個理。此藥治個如何氣，如此病服之卽應。若理不契，則藥不應。』二程遺書卷二下

程氏此地把卜筮和祭祀都完全看做理的反應，所以能應能享。這和他那無鬼的主張並沒有衝突。

朱氏信鬼論　至於朱氏對於生死、鬼神等等問題的態度，就和程氏大不相同了。朱氏說：

『鬼神死生之理定不如釋家所云，世俗所見。然又有其事昭昭不可以理推者。此等處且莫要理會。』朱子全書卷五十一

他此地顯然抱一種將信將疑的態度，而將信的成分較多。他又說：

『以二氣言，則鬼者陰之靈也，神者陽之靈也。以一氣言，則至而伸者爲神，反而歸者爲鬼。一氣卽陰陽運行之氣，至則皆至，去則皆去之謂也。二氣謂陰陽對峙，各有所屬。如氣之呼吸者

爲魂，魂卽神也而屬乎陽；耳目鼻口之類爲魄，魄卽鬼也而屬乎陰。』朱子全書卷五十一

朱氏此地又露出他那道士的眞面目，要用陰陽的道理來說鬼神和魂魄，而且他亦不肯離開二元論的立脚點，要把鬼神和魂魄雙雙的對擧起來。他甚而至於還說『魂屬水，魄屬金，所以說三魂七魄是金木之數也。』朱子全書卷五十一 這都是我國道士們的無稽之談，而朱氏獨加以深信，加以發揮。著者所以膽敢認定朱氏爲一個「儒化」的道士，這亦可說是一個相當的理由。朱氏又說：

『才見說鬼神便以爲怪。世間自有箇道理如此，不可謂無，特非造化之正耳。此爲得陰陽不正之氣，不須驚惑。所以夫子不語怪，以其明有此事，特不語耳。南軒說無便不是。』朱子全書卷五十一

他此地竟斷定有鬼了，而且以張栻主張無鬼爲不是。這和程氏的無鬼論可以說是完全相反。

朱氏妖怪說　程氏本不相信有所謂妖的，而朱氏獨深信不疑。所以有人告訴他說：

『鄉間有李三者死而爲厲。鄉曲凡有祭祀佛事必設此人一分。或設黃籙大醮，不曾設他一分，齋食盡爲所汚。後因人放爆杖焚其所依之樹，自是遂絕。』

朱氏聽完了竟說出下面這種幼穉的話。他說：

『是他枉死氣未散，被爆杖驚散了。』朱子全書卷五十一

又有人問朱氏『人死爲禽獸，恐無此理。然親見永春人家有子，耳上有豬毛及猪皮。如何？』朱氏竟說：

『此不足怪。向見籍溪供事一兵，胸前有猪毛，睡時作猪鳴。此只是稟得猪氣。』朱子全書卷五十一

這種話竟出於南宋理學大家的口中，除非我們承認他是一個純粹的道士，實在有點令人難以原諒他呵。

朱氏有仙說 朱氏對於神仙的主張亦和程氏完全不同。有人問：『神仙之說有之乎？』朱氏回答說：

『誰人說無？誠有此理。只是他那工夫大段難做。除非百事棄下辦得那般工夫，方做得。』朱子全書卷四十三

朱氏原來是一個道士，所以他主張有神仙，這一點我們可以原諒他。但是當他說『誰人說無』這句話時，他好像完全沒有讀過程氏的遺書一樣，這究竟是因爲他故意違背「師說」呢？還是因爲

他和程氏原來是派別不同呢？那只好請讀者自己去下斷語了。

祭祀爲氣的關係　至於祭祀的問題，程氏看做埋的反應，而朱氏獨看做氣的關係。所以有人問：『子孫祭祀卻有感格者如何？』他說：

『畢竟子孫是祖先的氣。他氣雖散，他根卻在這裏。盡其誠敬則亦能呼召得他氣聚在此。』（朱子全書卷五十一）

朱氏用這種極幼稚的遺傳論來解釋祭祀的感格，實在有點令人失望。

總論　總而言之：程氏對於生死、鬼神、等等問題一概用一元的唯理的和唯物的論調來打破一切世俗的迷信。朱氏則用二元的道士的眼光來維持而且發揮一切世俗的迷信。這亦是程朱兩人思想派別根本不同的一個證明。此外程氏不信地理不信墓師等等和朱氏不同的地方，我們此地不必再去細述了。

程朱兩人對於生死、鬼神、等等問題所抱的態度不同，我們在上面已經敍述過了。現在讓我們再看他們兩人對於命和數究竟各抱一種什麽的意見。

程氏不言命　程氏雖然沒有絕對主張無命，但是他以爲賢者只知義而不言命。所以他說：

『賢者惟知義而已命在其中。中人以下乃以命處義。如言「求之有道得之有命，」是求無益於得。知命之不可求故自處以不求。若賢者則求之以道，得之以義，不必言命。』（二程遺書卷二上）

他又說：

『君子有義有命，求則得之，舍則失之，是求有益於得也，求在我者也，此言義也。求之有道，得之有命，是求無益於得也，求在外者也，此言命也。至於聖人則惟有義而無命。「行一不義殺一不辜而得天下不爲也，」此言義不言命也。』（二程外書卷三）

程氏此地以爲中人以下固可以命處義，至於聖人則惟有義而無命。他這種非命的態度比較孔子的『罕言』還要堅決還要澈底，這不能不說是程氏學說的特色。

朱氏的命談　至於朱氏對於命就要大談特談，不肯『罕言』了。所以有人問：『富貴有命。如後鄙夫小人當堯舜三代之世如何得富貴？』他回答說：

『當堯舜三代之世不得富貴，在後世則得富貴，便是命。』

那人又問『如此則氣稟不一定？』他回答說：

『以此氣遇此時是他命好。不遇此時便是有所謂資適逢世是也。如長平死者四十萬，但遇白起便如此。只他相撞著便是命。』（朱子全書卷四十三）

朱氏不但大談命理，而且極信普通那種批命的技術。我們會下面這段贈徐端叔命序中的文字就可以明白了。他說：

『世人以人生年月日時所値支幹納音推知其人吉凶壽夭窮達者，其術雖若淺近，然學之者亦往往不能造其精微。蓋天地所以生物之機，不越乎陰陽五行而已。其屈伸消息錯綜變化固已不可勝窮，而物之所賦賢愚貴賤之不同，特昏明厚薄毫釐之差耳，而可易知其說哉？徐君嘗爲儒，則嘗知是說矣。其用意之密微而言之多中也，固宜。』（朱子全書卷四十三）

朱氏此地表示深信「批命」的道理非常精微，以爲批命的原理就是陰陽五行，而且以爲徐君是儒家，所以他深知此理。其實陰陽五行完全是道家的學說，不是儒家的主張。朱氏以爲儒家應該明白這個道理，這句話是不合事實的。這一點亦可以拿來做一個朱氏是「儒化」的道家的證據。

程氏不言數　現在再看程朱兩人對於數的見解怎樣不同。程氏說：

「儒者只合言人事，不合言有數。」（二程外書卷五）

他這句話已經把我國儒家的正宗態度完全表示出來了。他又說：

「頤與堯夫同里巷居三十餘年，世間事無所不論，惟未嘗一字及數耳。」（二程遺書附錄）

邵雍是當時一位數學大家，程氏和他同里了三十多年竟未嘗一字及數，正宗儒家的壁壘竟有這樣的森嚴。著者所以要推程氏爲南宋以後儒家正宗一派的領袖，這亦是一個原因。

程氏既然根本不承認有數，所以他對於邵雍更有下面這一段批評。他說：

「堯夫之學先從理上推意言象數言天下之理須出於四者，推到理處，曰「我得此大者，則萬事由我，無有不定。」然未必有術。要之亦難以治天下國家。」（二程遺書卷二上）

他此地竟把邵氏的以四起數說根本的否認了。

朱氏信數　朱氏的態度就不同了，他不但深信數，而且極崇拜邵氏。所以有人問『康節數學』，朱氏回答說：

『且未須理會數，自是有此理。有生便有死，有盛便有衰。且如一朵花，含蕊時是將開，略放時是正盛，爛漫時是衰謝。又如看人，即其氣之盛衰便可以知其生死。蓋其學本於明理。』朱子全書卷五十三

朱氏此地以爲數自有此理，因爲是本於明理的緣故。他對於邵氏尤爲崇拜，所以他說：

『他甑得此理熟了，事物到面前，便見便不待思量。』朱子全書卷五十三

至於邵氏的以四起數說，朱氏更是極口稱賞他說：

『康節以四起數，疊疊推去，自易以後無人做得一物如此整齊包括得盡。』朱子全書卷五十三

朱氏原來是一個道士，所以他的深信數理亦是當然的事情，我們不必驚怪。

總論　總而言之：程氏對於命和數始終保持他那儒家正宗的態度不肯相信。朱氏則始終要維持他那道士的主張，深信命數的道理。著者所以要把程朱分爲兩家，這亦是一個小小的理由。

陳亮的批評　至於程朱兩人對於這種種迷信的見解各有一種什麼價值，這個問題不在本文範圍之內，本可不去討論。不過當時的陳亮曾經以浙東史學家的態度說過下面這幾句很有趣

味的話。

『往時廣漢張敬夫東萊呂伯恭於天下之義理自謂極其精微，而世亦以是推之，雖前一輩亦心知其莫能先也。余猶及見二人者，聽其講論亦稍詳其精深紆餘，若於物情無所不致其盡。而世所謂陰陽、卜筮、書畫、伎術、及凡世間可動心娛目之事，皆斥去弗顧，若將浼我者。

『晚得從新安朱元晦游，見其於陰陽、卜筮、書畫、伎術、凡世所有而未易去者，皆存而信之。乃與張呂異。豈悅物而不留於物者固若此乎？』（龍川集卷十六跋朱晦庵送寫照郭秀才序後）

全祖望讀了這篇文章亦以浙東史學家的態度大加讚賞，他說：

『同甫譏朱子多不中肯，獨此篇則朱子難以自解。』（宋元學案卷四十九晦翁學案）

第四章　方法論

第一節　主敬集義是一是二的問題

主敬集義問題　程氏教人爲學有兩句不朽的格言。這就是：

『涵養須用敬，進學則在致知。』二程遺書卷十八

這兩句話就是劉宗周所說的『程門口訣』。宋元學案卷十五伊川學案　我們要了解程氏的學說，和程朱兩人學說的不同，對於這個口訣的意義不能不加以討論。我們在本節中先討論上一句話。

什麼叫做敬？程氏說：

『主一之謂敬。』二程粹言卷一

什麼叫做一？程氏說：

『無適之謂一。』同上

主敬就是集義　程氏對於主敬的工夫另有一種特見，這就是要集義。只是敬而不集義便要變爲清靜無爲的道佛。所以程氏的所謂敬就是集義，並不是空虛的修養。他說：

『敬只是涵養一事。必有事焉須當集義。只知用敬，不知集義，卻是都無事也。』二程全書卷十八

他又說：

『敬以涵養也，集義然後爲有事也。知敬而不知集義，不幾於兀然無所爲者乎?』二程粹言卷一

集義的意義 我們現在先把程氏所謂『集義』的意思稍稍加以說明。程氏可以說是北宋末年唯一的「唯物哲學家，」所以他始終主張格物爲爲學之本，格物然後可以至於聖人。他說：

『學莫本於知本末終始。致知格物所謂本也始也，治天下國家所謂末也終也。』二程粹言卷一

他又說：

『自格物而充之，然後可以至於聖人。不知格物而欲意誠心正而後身修者，未有能中於理者也。』二程粹言卷一

可見程氏把格物這一段工夫比誠意、正心、修身還要看得重要。這亦是一種驚人的論調。

格物的意義 程氏以爲格物就是窮理。所以他說：

『格物者格至也，物者凡遇事皆物也，欲以窮至物理也。』二程外書卷四

所謂窮理就是窮其所以然。所以他說：

『窮物理者窮其所以然也。天之高，地之厚，鬼神之幽顯，必有所以然者。苟曰天惟高耳，地惟

厚耳，鬼神惟幽顯耳，是則辭而已，尙何有哉？』二程粹言卷二

程氏這種求事物之所以然的精神完全是現代科學家的精神。生在宋代的中國而能夠發出這種議論，實在可以叫人家驚服。怎樣去窮理呢？程氏說：

『窮理亦多端：或讀書講明義理，或論古今人物別其是非，或應接事物而處其當，皆窮理也。』二程遺書卷十八

他又說：

『須是今日格一件，明日又格一件，積習既多，然後脫然自有貫通處。』二程遺書卷十八

我以爲上面所引的恐怕就是程氏所謂『集義』兩個字的本意。

主敬必須集義　他更申明我們倘使只做敬的工夫，我們的氣決不能因此就能夠充塞天地。我們一定要集義才能生浩然氣象。所以有人問他『敬以直內，氣便能充塞天地否？』他回答說：

『氣須是養。集義所生，積集既久，方能生浩然氣象。人但看所養如何？養得一分便有一分，養得二分便有二分。只得敬，安能便到充塞天地處？』二程遺書卷十八

我們就此可以見到程氏所謂敬就是要集義。敬而不去做集義的工夫，就要兀然無物，流入道佛兩家消極的窠臼失去儒家積極的面目。

敬不是靜　程氏一方面積極的說明敬就是要集義，一面方更消極的說明敬決不是靜。我們一旦以靜爲敬，就要蹈入道佛的塗轍。所以他說：

『敬則虛靜，而虛靜非敬也。』二程粹言卷一

有人問他『敬猶靜與？』他回答說：

『言靜則老氏之學也。』二程粹言卷一

又有人問他『敬莫是靜否？』他回答說：

『纔說靜便入於釋氏之說也。不用靜字，只用敬字。纔說著靜字，便是忘也。』二程遺書卷十八

敬的說明　程氏對於敬的工夫曾經有過一個很詳細的說明。他說：

『學者先務固在心志。有謂欲屏去聞見知思，則是絕聖棄智。有欲屏去思慮患其紛亂，則是須坐禪入定。如明鑑在此，萬物畢照，是鑑之常，難爲使之不照。人心不能不交感萬物，亦難爲

使之不思慮。

『若欲免此，唯是心有主。如何爲主？敬而已矣。有主則虛，虛謂邪不能入。無主則實，實謂物來奪之。今夫瓶罌有水實內，則雖江海之浸無所能入，安得不虛？無水於內，則停注之水不可勝注，安得不實？

『大凡人心不可二用。用於一事則他事更不能入者事爲之主也。事爲之主尚無思慮紛擾之患。若主於敬，又焉有此患乎？

『所謂敬者主一之謂敬，所謂一者無適之謂一。且欲涵泳主一之義，一則無二三矣。言敬無如聖人之言易，所謂「敬以直內，義以方外。」須是直內乃是主一之義。至於不敢欺，不敢慢，尚不愧於屋漏，皆是敬之事也。但有此涵養，久之自然天理明。』二程遺書卷十五

總論　總而言之，程氏的意思以爲敬就是集義。所謂集義就是「隨事觀理，」亦就是我們現代所謂「歸納法。」只是敬而不去集義，就要兀然無事，流爲釋道。所以他再三的說明敬並不是靜。

此外程氏並亦始終抱一種儒家的正宗態度認孟子『養心莫善於寡欲』那句話爲不妥當，他說：

『此一句淺近，不如「理義之悅我心，猶芻豢之悅我口」最親切有滋味。』二程外書卷十二上蔡語錄

他這種務實的見解眞是非常的徹底啊。

敬義不能駢合　朱氏對於主敬和集義的見解就和程氏大不相同了。他以爲主敬是主敬，集義是集義，完全是兩段工夫。這兩段工夫固然不可偏廢，但是也不能駢合。而他的結論始終歸束到先敬而後義。因此朱氏對於主敬和集義兩個名詞另有一種不同的解釋。

敬的意義　我們現在先看朱氏對於敬字做什麼解。他說：

『爲學自有大要，所以程子推出一個敬字與學者說，要且將個敬字收斂個身心，放在模匣子裏面，不走作了，然後逐事逐物看道理。』朱子全書卷二

他又說：

『伊川只說個敬字，教人只就這敬字上捱去，庶幾執捉得定，有個下手處。縱不得亦不至失。要之皆只要人於此心上見得分明，自然有得爾。然今之言敬者乃皆裝點外事，不知直截於心上求功，遂覺累墜不快活。不若於眼下求放心處有功，則尤省力也。』朱子全書卷二

此處驟然看去，好像朱氏正在發揮程氏的主張。但是程氏的主敬並沒有教人先把身心放在模匣子裏然後再去看事物的道理。程氏的意思以爲我們只要能夠專心致志的去窮事事物物的道理這就是敬的工夫。換句話說：集義就是敬，並不是先有敬而後集義。朱氏曲解程氏學說的地方往往如此，我們所以往往誤認朱氏爲能發揮程學原因亦就是在此。

敬以靜爲主　朱氏又說：

『文字講說得行而意味未深者正要本原上加功，須是持敬。持敬以靜爲主。此意須要不做工夫時頻頻體察，久而自熟。』（朱子全書卷三）

朱氏上面這段和程氏主張的不同更加顯著。不但程氏原來主張格物的工夫遠比誠意正心脩身爲重要，無所謂『本原上加功』；而且『持敬以靜爲主』『要於不做工夫時頻頻體察』兩句話亦顯然和程氏的『言靜則老氏之學也，』『纔說靜便入於釋氏之說也，』兩句話針鋒相對。

集義的意義　至於集義兩個字的意思程氏的本意就是格物。這一點我們在上面已經說明。而朱氏則以爲集義就是辨別事物的是非。他說：

『孟子於義利間辨得毫釐不差。見一事來便劈做兩片，便分個是與不是。這便是集義處。義是一柄刀相似，才見事到面前，便與他割制了。』（朱子全書卷二十）

他又說：

『孟子所謂集義只是一個是字。孔子所謂思無邪只是一個正字。不是便非，不正便邪。聖賢教人只是求個是的道理。』（朱子全書卷五）

其實程氏意中所謂集義是用兩隻眼和一個腦去窮事事物物的所以然，這是客觀的科學的方法。而朱氏意中所謂集義是用一柄刀去劈開事事物物的是非邪正，這是主觀的倫理的方法。我們在這種地方應該注意。

敬是持守義是講學 朱氏對於主敬和集義既然當做兩件完全不同的事情，所以他就說：

『敬以直內是持守工夫，義以方外是講學工夫。』（朱子全書卷二十八）

這和程氏的意思可以說是愈講愈遠了。

程朱的異同 但是朱氏究竟是我國一個博大的學者而且亦是一個詞鋒極利的文人。他一面既然主張敬義應該分家，一面又主張兩者不可偏廢。因此我們認程朱爲一脈相傳的人往往以爲朱氏的理論實在能夠發揮光大程氏的學說，而且好像比程氏還要來得平正而通達。實際上程氏自程氏，朱氏自朱氏，在表面上朱氏好像承繼程氏，而事實上朱氏處處在那裏曲解或者暗罵程氏。

敬義分家說　我們試再看朱氏敬義分家的說法怎樣。他說：

『主一之謂敬，只是心專一，不以他念亂之。每遇事與至誠專一做去，卽是主一之義。但既有敬之名，則須還他敬字。既有義之名，則須還他義字。二者相濟則無失，此乃理也。』（朱子全書卷二十八）

這種說法固然平正通達，但是這決不是程氏的意思。他又說：

『敬義工夫不可偏廢。彼專務集義而不知主敬者固有虛驕急迫之病，而所謂義者或非其義。然專言主敬而不知就日用間念慮起處分別其公私義利之所在而決取舍之幾焉，則恐亦未免於昏憒雜擾，而所謂敬者有非其敬矣。』（朱子全書卷三）

他這種雙管齊下兩面折衷的論調驟然看去實在是非常平穩。但是我們仔細案下去，總覺得是一種倫理學家的玄談，並不是科學哲學上的理論。至於內容上和程氏所謂敬義不同的地方那更可以不必再加說明了，因為程氏根本上就不認敬和義是兩件不同的事。

朱氏抨擊程氏　照上面所述的看來，程朱兩人對敬義兩個字的見解不同已經極其顯明了。但是朱氏不但暗中曲解程氏的主張，而且還要明目張膽的抨擊程氏主張的不合。他說：

『喜怒哀樂未發謂之中。程子云：「敬不可謂之中，敬而無失即所以中也。」未說到義理涵養處。』（朱子全書卷二十四）

這是說程氏說敬沒有說到義理涵養處。他又說：

『或問必有事焉而勿正，二程多主於敬一說。須當集義是承上文集義所生者而言。所謂必有事則積習衆善之功否？曰：「孟子上下文無敬字，只有義字。程子是移將去敬字上說。非孟子本意也。」』（朱子全書卷二十）

這是明說程氏敬須集義的說法並不是孟子的本意，竟根本上把他推翻了。朱氏又用滑稽的論調暗刺程氏說：

『若必謂有所見然後有所主，則程子所謂未有致知而不在敬者，是爲敬有待於見乎？見有待於敬乎？果以徒然之敬爲不足事而必待其自然乎？』朱子全書卷一

這一段文章很有以子之矛攻子之盾的意味。其實在我們看來，程氏主張物我一理，格物可以至於聖人，當然要以徒然之敬爲不是。朱氏是一個手拿一柄刀遇物便要劈開是非爲兩片的人，當然要主張『見有待於敬』了。

朱氏既然用主觀的態度主張『見有待於敬，』所以他對於程氏所說的『純於敬則己與理一，無可克者無可復者，』二程粹言卷一這句話一方面暗中抵制的說：

『持敬以補小學之闕。小學且是拘檢住身心。到後來克己復禮又是一段事。』朱子全書卷九

一方面又明駁的說：

『或問伊川云：「敬則無己可克？」曰：「孔門只有顏子，孔子且使之克己。如何便會不克？」』朱子全書卷四

總論　我們綜看上面所述，可見朱氏始終不肯附和程氏敬義本是一事的主張，始終要維持

他自己那種二元哲學的論調，始終要把主敬和集義分做兩段工夫。同時朱氏亦始終不肯放棄他那主觀的倫理的唯心論，所以他一方面要把敬和義絕對分開，一方面又主張我們應該先主敬而後集義。他說：

『根本須先培壅涵養，持敬便是栽培。』朱子全書卷二

他又說：

『敬以直內最是緊切工夫。』朱子全書卷二

他又說：

『持敬致知實交相發，而敬常爲主。所居既廣則所向坦然無非大路。聖賢事業雖未易以一言盡，然其大概似恐不出此也。』朱子全書卷一

總而言之，朱氏對於主敬和集義的見解可以說是和程氏的意思根本上完全相反，而且主張『必須先去敬以直內，然後能義以方外。』朱子全書卷二十八此外朱氏並始終要取道家正宗的態度，贊成周敦頤的無欲，反對程氏的主敬，所以他說：

『無欲之與敬二字分明。要之持敬頗似費力，不如無欲撇脫。人只爲有欲，此心便千頭萬緒。』朱子全書卷五十二

我們看了這種說法，倘使還要把朱氏當做程氏學說的嫡傳，那就不合事實了。

第二節　格物或養心的問題

格物或養心　我們在前面已經說過：程氏主張物皆有理，所以我們應該格物以窮理；他又主張物和天人都是一理，所以我們只要格物就可以至於聖人。他這個態度顯然就是現代所謂客觀的唯物的態度。因此程氏學說中所最注重的就是格物，而他的方法就自然而然的近於歸納法。朱氏則以爲此心本來虛靈，萬理具備。所以我們必須常常提醒他，使他不昧，再用他去衡量事事物物的是非邪正。他這個態度顯然是現代所謂主觀的唯心的態度。因此朱氏學說中所最注重的就是養心，而他的方法就自然而然的近於演繹法。

我們現在先看程氏格物說的內容究竟怎樣。這一個問題可以說就是『程門口訣』中『涵養須用敬，進學則在致知』兩句話的下一句。上一句我們在討論主敬和集義的問題中已經詳細

討論過了，現在本節文章就專去討論下一句。

物皆有理　程氏既然主張天人無二，物我一理，所以他對於格物這層工夫看得非常重要。這就是因為他深深相信凡物都有理。他說：

『天下物皆可以理照。有物必有則，一物須有一理。』（二程遺書卷十八）

他又說：

『無物無理，惟格物可以盡理。』（二程粹言卷二）

程氏不但用一元的眼光主張物皆有理，而且亦用一元的眼光主張物的理就是人的性。物所以不能不格，理所以不能不窮，最大的理由就在這一點上面。他說：

『吾生所有既一於理，則理之所有皆吾性也。人受天地之中，其生也具有天地之德。柔強昏明之質雖異，其心之所同者皆然。特蔽有淺深，故別而為昏明。稟有多寡，故分而為強柔。至於理之所同然，雖聖愚有所不異。』（程氏經說卷八中庸解）

這是說『理之所有皆吾性，』並不是物理以外另有所謂人的性，這種客觀的唯物論真是澈底極了！所以有人問他『格物是外物，是性分中物？』程氏回答說：

『不拘。凡眼前無非是物，物物皆有理。如水之所以寒，火之所以熱，至於君臣父子間皆是理。』二程遺書卷十九

他的結論就是：

『物理最好玩。』二程遺書卷二上

格物為本　程氏既然深信物皆有理，而且深信物理就是人性，所以他主張我們要做聖人只要去格物就夠了。他說：

『學莫大於知本末終始。致知格物所謂本也始也，治天下國家所謂末也終也。治天下國家必本諸身，其身不正而能治天下國家者無之。格猶窮也，物猶理也，若曰窮其理云爾。窮理然後足以致知，不窮則不能致知也。』二程粹言卷一

他又說：

『格物適道之始，思所以格物而已近道矣。是何也？以收其心而不放也。』二程粹言卷一

這是說爲學之道當以格物爲本，一旦要想格物就可算近道了。我們如果能夠獲得萬物的道理，那就可以至於聖人。所以他說：

『隨事觀理而天下之理得矣。天下之理得然後可以至於聖人。君子之學將以反躬而已矣。反躬在致知，致知在格物。』（二程遺書卷二十四）

程氏對於格物這一層工夫看得非常重要，我們讀上面各段文章已經很夠明白了。但是他還有一段驚人的話。他說：

『大學於誠意正心皆言其道。至於格物則不言，獨曰物格而後知至。此蓋可以意得不可以言傳也。自格物而充之，然後可以至於聖人。不知格物而欲意誠心正而後身修者，未有能中於理者也。』（二程粹言卷一）

他此地竟把格物的工夫比誠意正心和修身的工夫還要看得重要。這種論調極足以證明程氏實在是我國思想史上一個最特出的反對唯心論的唯物哲學家。這在我國一般傳統的倫理學家眼中看來眞可說是非常危險。但是我們要知道我國正宗的儒家所以和道佛兩家根本上的不同就

在這種地方總而言之程氏以爲

『凡下學人事，便是上達天理。』（二程外書卷二）

這句話實在可以說是開清初一般「反宋」的學說的先聲。

朱氏的養心論　至於朱氏對於這個格物和養心的問題就別有他的見解了。朱氏一方面不反對格物工夫的重要，一方面又主張格物之先應該養得心地本原纔是正當的辦法。我們所以誤認朱氏爲得程氏學說的正傳，原因就是在此；我們所以誤認朱氏的學說爲能發揮程氏的主張，原因亦就是在此。其實並不如此。我們現在試看朱氏的意見怎樣。

窮理先養心　朱氏說：

『欲應事先須窮理，而欲窮理又須養得心地本原虛靜明徹，方能察見幾微，剖析煩亂，而無所差錯。』（朱子全書卷二）

他此地明明說我們要應事先要窮理，要窮理先要養心。這樣說來，我們要做人必須經過三步工夫纔得。這和程氏所主張的『下學便是上達，』『孝弟就可以盡性至命，』以及『格物可以至於聖人』的種種說法都完全不同。他又說：

『求其放心乃爲學根本田地。既能如此向上，須更做窮理工夫，方見所存之心所具之理不是兩事。隨感卽應自然中節，方是儒者事業。』（朱子全書卷三）

朱氏在此地一定要我們先求放心再去窮理，這和程氏『不知格物而欲意誠心正而後身修者未有能中於理者也』的話剛剛相反。朱氏又說：

『性者道之形體。但謂之道則散在事物而無緒之可尋。若求之於心，則其理之在是者皆有定體而不可易耳。』（朱子全書卷四十二）

朱氏此地竟明明說求理於物無緒可尋，求理於心則有定體了。這是朱氏所以必要培養心地本原的理由。

心的意義　現在讓我們再看朱氏所謂『心』是一個什麼東西。關於這一點，我們在前面討論程朱兩人對於這個字的定義時，已經約略提及過了。現在我們再仔細的去敍述朱氏對於這個「心」字所抱的特見。他說：

『人之一心萬理具備。若能存得便是聖賢。更有何事？』朱子全書卷一

他又說：

『人惟有一心是主，要常常喚醒。』朱子全書卷二

這是說人心之中萬理具備，所以我們應該把心當作主宰。又有人問朱氏『先生解「物皆然，心爲甚」曰：「人心應物，其輕重長短之難齊，而不可不度以本然之權度，又有甚於物者。」不知如何是「本然之權度也」？』朱氏回答說：

『本然之權度亦只是此心。此心本然，萬理皆具。應物之時須是子細看合如何，便是本然之權度也。』朱子全書卷二十

又有人問『如何是明明德？』朱氏說：

『明德是自家心中具許多道理在這裏，本是個明底物事，初無暗昧。人得之則爲德。如惻隱、羞惡、辭讓、是非，是從自家心裏出來。觸著那物便是那個物出來，何嘗不明？緣爲物欲所蔽，故其明易昏。如鏡本明，被外物點污，則不明了。少間磨起，則其明又能照物。』朱子全書卷七

這是說心是本然的權度，本來就能夠應付事物的。心亦是一個天生的明鏡，愈磨愈明。這都是朱氏對於心所抱的見解。

養心的重要　朱氏既然主張心是主宰，心是本然的權度，心是照物的明鏡，所以他對於養心這一層工夫看得最爲重要。他說：

『凡學須要先明得一個心，然後方可學。譬如燒火相似，必先吹發了火，然後加薪，則火明矣。若先加薪而後吹火，則火滅矣。』（朱子全書卷二）

這是說養心就是好像燒火那件事情中的吹發了火。他又說：

『涵養須用敬，進學則在致知。無事時且存養在這裏，提撕警覺，不要放肆。則講習應接時便當思量義理。』（朱子全書卷一）

這是說我們無事時對於這個心要存養在這裏，提撕警覺。朱氏又說：

『學須先理會那大底理。會得大底了，將來那裏面小底自然通透。今人卻是理會那大底不得，只去搜尋裏面小小節目。』（朱子全書卷一）

這是說我們要先理會大底那裏面小底自然通透。他又說：

『今於日用間空閒時收得此心在這裏，截然這便是喜、怒、哀、樂未發之中，便是渾然天理。事物之來隨其是非，便是見得分曉。是底便是天理，非底便是逆天理。常常恁地收拾得這心在，便如執權衡以度物。』（朱子全書卷二）

這是說我們要常常收拾得這心在，便可度物。朱氏又說：

『學者而今但存取這心。這心是個道之本領，這心若在，這義理便在。存得這心，便有個五六分道理了。若更時時拈掇起來，便有七八分道理。』（朱子全書卷二）

這是說我們如果能夠存得這心便有五六分道理；若果時時拈掇起來，便可有七八分。朱氏的結論就是：

『今學者別無事，只要以心觀衆理。理是心中所有，常存此心以觀衆理。只是此兩事耳。』（朱子全書卷一）

我們在這幾句話中可以看出朱氏對於養心的兩個見解怎樣了：第一就是『理是心中所有，』第二就是『常存此心以觀衆理。』這和程氏主張『唯格物可以盡理』和『天下之理得然後可以至於聖人』的說法剛剛是針鋒相對。一個是由格物方面入手去盡理，一個是由存心方面入手去觀理。這種唯物唯心的見解不同，我們在前幾節中已經屢次說過，很是顯著，幾乎可以不必再加什麼說明了。

第三節　格物的方法問題

格物的方法　我們在前面已經說過，程氏認格物爲適道之始，爲學之本，而且可以至於聖人，所以他對於格物一段工夫認爲是絕對的最重要的手段。我們在前面亦已經說過，朱氏對於格物這一層並不反對，不過認爲並不是最重要的一段工夫，因爲還有養心一段工夫須得先做。因此朱氏對於程氏格物的方法論一方面極口讚美，但是一方面又大罵他爲炊沙成飯。我們後代人對於程朱兩人學說的異同所以弄得眼花撩亂，誤會叢生，原因就是在此。現在讓我們先看程氏對於格物工夫提出幾種什麼主張。

程氏的物理說　什麼叫做格物？程氏說：

「致知在格物。格至也，窮理而至於物，則物理盡。」二程遺書卷二上

他又說：

「格物者格至也，物者凡遇事皆物也，欲以窮至物理也。窮至物理無他，唯思而已矣。思曰睿，睿作聖。聖人亦自思而得，況於事物乎？」二程外書卷四

這是說所謂格物就是要窮盡一切事物的道理。什麼叫做物？程氏說：

「今人欲致知須要格物。物不必謂事物然後謂之物也。自一身之中至萬物之理，但理會得多，相次自然豁然有覺處。」二程遺書卷十七

什麼叫做理？程氏說：

「窮物理者窮其所以然也。天之高，地之厚，鬼神之幽顯，必有所以然者。苟曰天惟高耳，地惟厚耳，鬼神惟幽顯耳。是則辭而已，尚何有哉。」二程粹言卷二

程氏這種對於物和理的定義可以說是和現代科學家的見解大致相同，而他以「所以然」三個字去解釋理字尤其和現代科學家的主張相合。

格物的方法——至於格物的方法問題程氏的見解可以分做四點來討論。第一點就是格物要積累多，第二點就是大小都要理會，第三點就是格物的進程不止一端，第四點就是格物要一件一件的格去。現在先述第一點，程氏說：

『人要明理若止一物上明之亦未濟事。須是集衆理然後脫然自有悟處。』二程遺書卷十七

他又說：

『所務於窮理者非道須盡窮了天下萬物之理，又不道是窮得一理便到。只是要積多後，自然見去。』二程遺書卷二上

又有人問他『學必窮理，物散萬殊，何由而盡窮其理？』程氏回答說：

『誦詩書，考古今，察物情，揆人事。反覆研究而思索之，求止於至善。蓋非一端已。』二程粹言卷一

我們總括上面三段話的意思可以明白程氏對於格物方法上主張有幾條什麼進路。他的意思好像以爲格物的進路共有四條：這就是誦詩書，考古今，察物情，揆人事。這四條路中的第一條所謂讀書講明義理，第四條所謂應事接物而處其當，都已經很是明白。至於第二條除論古今人物別其是

非和多識前言往行兩句話以外，他還有一個比較詳細的說明。他說：

『讀史須見聖賢所存治亂之機，賢人君子出處進退，便是格物。』（二程遺書卷十九）

我們讀了程氏這幾句話，顯然可以看出他對於史學的研究當做四條格物大道中的一條，非常重要。所以程氏的學說後來由金華和永嘉兩地的學者傳到浙江以後，就發揮光大成爲我國學術史上唯一的而且比較光榮的浙東的史學。關於這一點我們在後面結論中再加詳細的討論。至於第三條所謂察物情這句話，程氏亦有一個說明。他說：

『多識於鳥獸草木之名，所以明理也。』（二程遺書卷二十五）

程氏在此地顯然要我們研究生物學了。程氏自己雖然不是一個科學家，但是他生在道佛兩家的玄學空氣非常濃厚的北宋時代竟能夠表出這樣接近科學的態度，我們實在不能不佩服他。這是程氏方法論上的第三點。

格物的方法二　關於第四點，當時曾有人問『格物須物物格之，還只格一物而萬理皆通？』程氏回答說：

『怎生便會該通？若只格一物便通衆理，雖顏子亦不敢如此道。須是今日格一件，明日又格一件，積習既多然後脫然自有貫通處。』二程遺書卷十八

程氏此地不但主張所謂格物不是只格一物，而且主張要一天一天的一件一件的格去。這就是現代所謂科學方法的大綱。我們倘使了解程氏方法論的全部意思，我們就不會再鬧格竹格出病來那一類笑話。這是程氏方法論上的第四點。

總論　總而言之，程氏以爲所謂格物就是窮至事事物物的所以然；我們着手格物時要注意方法上的四點：就是要積累多，大小都要理會，進路不止一條，要一件一件的格去。我們覺得他這個方法論雖然非常簡單，但是和現代所謂科學的方法原則上大致相同。而且自從他主張讀史亦是格物的一端以後，南宋的浙東史學就此蔚成我國學術史上比較光榮的一頁。

朱氏的格物論　至於朱氏對於格物的方法問題所抱的見解就大不相同了。他一方面好像極口讚美程氏的主張，但是一方面又明譏或者暗駡程氏格物的步驟。我們對於朱子的格物方法論亦可分開幾點來討論。第一點就是朱氏怎樣在表面上絕口讚美程氏的方法論。有人問『進修

之術何先？』朱氏回答說：

『物理無窮，故他（著者按此當係指程氏）說得來亦自多端。如讀書以講明道義，則是理存於書。如論古今人物以別其是非邪正，則是理存於古今人物。如應接事物而審處其當否，則是理存於應接事物。所存既非一物能專，則所格亦非一端而盡。如曰一物格而萬理皆通，雖顏子亦未至此。但當今日格一件，明日又格一件，積習既多，然後脫然有個貫通處。此一項尤有意味。向非人善問，則亦何以得之哉？』（朱子全書卷九）

朱氏這段話完全本程氏的原文，稍稍加上一些解釋。至於程氏要一件一件的積累起來這個主張，朱氏不但在此地說他尤有意味，而且還要說：

『程子所說今日格一件明日格一件，積久自然貫通。此言該內外，寬緩不迫，有涵泳從容之意。所謂語小天下莫能破，語大天下莫能載也。』（朱子全書卷九）

朱氏對於程氏的方法在此地這樣極口的讚美，所以我們倘使只讀這兩段文章，我們一定亦要誤以爲程朱果然是同屬一派了。但是我們要知道關於格物方法的一個問題，朱氏一方面讚美程氏，一方面亦反對程氏。原來讚美別人的主張和接受別人的主張不一定是一件事情。換句話說，讚美不就是接受。我們試再看朱氏自己對於格物方法的見解怎樣，我們就或者可以證明我們上面這句話的不錯。因此我們不能不繼續討論朱氏格物方法問題上的第二點，這就是什麼叫做理？

理的意義　朱氏對於理字所抱的觀念和程氏根本不同。我們在前面已經說過，程氏的意思以爲理就是事物的所以然，我們只要能夠窮至物理，就可以至於聖人，因爲這個物理就是我們人的性。朱氏獨以爲這個理是我們元初本有的，不是外物。他說：

「某蓋嘗深體之，此箇大頭腦本非外面物事，是我元初本有底。其曰人生而靜，其曰喜、怒、哀、樂之未發，其曰寂然不動，人汩汩地過了日月，不曾存息，不曾實見此體段，如何實有用力處？」（朱子全書卷二）

我們元初本有的大頭腦究竟是一個什麼東西呢？朱氏對於這個問題不知不覺的又拿出他那個道家的法寶來解答他，這就是所謂「陰陽五行」的老調。這種理字的解釋和程氏所說的「事事物物的所以然」相差眞不知有多少遠。朱氏說：

『二氣五行，交感萬變。故人物之生有精粗之不同。自一氣而言之，則人物皆受是氣而生。自精粗而言，則人得其氣之正且通者，物得其氣之偏且塞者。惟人得其正故事理通而無所塞。物得其偏故事理塞而無所知。』

朱氏此地說人生得正氣，物生得偏氣，這種無根的非科學的二元論實在有點令人可怪。他又繼續的說：

『且如人顱圓，象天；足方，象地；平正端直。以其受天地之正氣，所以識道理有知識。物受天地之偏氣，所以禽獸橫生，草木頭生向下，尾反在上。物之間有知者不過只通得一路。如烏之知孝，獺之知祭，犬但能守禦，牛但能耕而已。人則無不知無不能。人所以與物異者所爭者此耳。』（朱子全書卷四十二）

朱子這半段話完全和漢初那位「道士」董仲舒的天人哲學一樣，用現代科學的眼光看去總覺得有點荒誕不經。朱氏又說：

『草木都是得陰氣，走飛都是得陽氣。各分之：草是得陰氣，木是得陽氣。走獸是得陰氣，飛鳥是得陽氣。故獸伏草而鳥棲木。然獸又有得陽氣者，如猿猴之類是也。鳥又有得陰氣者，如雉鵰之類是也。惟草木都是得陰氣，然卻有陰中陽，陽中陰者。』（朱子全書卷四十二）

朱氏此地竟用陽陰的道理來說明一切的生物。不但他這種道家的說法有點近於無稽，就是他那『陰中陽陽中陰』的論調亦覺得有點無聊。無論如何，上面兩段話倘使果然可以拿來代表朱氏對於理字的解釋，那末朱氏所謂理根本上就是那個道家的「太極圖」，和程氏心中所有的理完全兩樣。朱氏自己亦曾經說過：『太極只是一個理字。』（朱子全書卷四十九）這是朱氏格物方法問題上的第二點。

窮理卽窮心　朱氏既然主張理是我們元本就有的，不是外面的物事，所以他以爲所謂窮理並不是窮物的理，實在是窮人的心。他說：

『許多道理皆是人身自有底。雖說昏然，又那會頑然恁地暗？也都知是善好做，惡不好做。只是見得不完全，見得不的確。所以說窮理便只要理會這些子。』（朱子全書卷三）

這個窮理只要窮心的主張可以說是朱氏格物方法論上的第三點。

大處落脈　朱氏既然主張窮理只要窮心，所以他以爲我們只要從大處落脈，小處自然亦就解決了。他說：

『只是看教大底道理分明，偏處自見得。如暗室求物，把火來便照見，若只去摸索，費盡心力，只是摸索不見。若見得大底道理分明，有病痛處也自會變移不自知，不消得費力。』（朱子全書卷一）

這種看大不必看小的主張顯然和程氏大小都當理會的主張完全不同。這可以說是朱氏格物方法論上的第四點。

理不必向外求　朱氏既然主張理是我們自身本有的，所以不必向外物去求得來。他說：

『所謂道不須別去尋討，只是這個道理。非是別有一個道被我忽然看見攫拿得來，方是見道。只是如日用底道理恁地是恁地，不是事事理會得個是處便是道也。』（朱子全書卷四十六）

朱氏此地明明在那裏攻擊程氏所說的『自一身之中至萬物之理但理會得多，相次自然豁然有覺處』那幾句話了。朱氏並以同一的見解去主張日用舉動不能便算是道。他說：

『道不可須臾離，可離非道也。所謂不可離者謂道也。若便以日用之間舉行動作便是道，則無適而非道。然則君子何用恐懼戒謹？何用更學道爲？爲其不可離所以須是依道而行。如人說話不成便以說話說話者爲道，須是有個仁義禮智始得。若便以舉止動作爲道，何用更說不可離得？』朱子全書卷四十六

朱氏此地所說『聖人之道更無精粗，從灑掃應對至精義入神，通貫只一理，雖灑掃應對只看所以然者如何』的話完全相反。這是朱氏格物方法論上的第五點。

朱氏抨擊程說一　朱氏對於程氏方法論中『一草一木皆有理須是察』這句話竟鬧到破口大罵的地步。他說：

『格物之論，伊川意雖謂眼前無非是物，然其格之也亦須有緩急先後之序。豈遽以爲存心於一草木器用之間而忽然懸悟也哉？且如今爲此學而不窮天理，明人倫，講聖言，通世故，乃兀然存心於一草木一器用之間。此是何學問？如此而望有所得，是炊沙而欲其成飯也！』朱子全書卷七

這是朱氏明明反對程氏格物方法論的第一個實例。

朱氏抨擊程說二　朱氏對於程氏方法論中『論古今人物別其是非』這句話亦同樣的加以攻擊。他說：

『某自十五六歲時至二十歲，史書都不要看。但覺得閒是閒非沒要緊，不難理會。大率才看得此等文字有味，畢竟粗心了。』（朱子全書卷五十五）

這是明說歷史人物多屬閒是閒非並不重要，而且卽使看得有味亦畢竟粗心。又有人和朱氏談及學者「好習古今治亂典故等學，」朱氏說：

『亦何必苦苦於此用心。古今治亂不過進君子，退小人，愛人利物之類。今人都看去巧了。』（朱子全書卷四）

他這種說法一方面固然是暗罵當時浙東的史學派中人，但是一方面亦就是無意中反對程氏格物方法中重要的一端。這亦可以當作朱氏反對程氏格物方法論的又一個實例。

總論　總而言之，朱氏所主張的格物方法可以說是根本上和程氏的見解不同。朱氏以爲所謂理就是「二氣五行。」這個二氣五行的理是我們元初本有的，所以我們只要窮心就是格物，只要理會大的就是解決小的。至於一草一木和間是間非都沒有研究的必要。這種哲理和程氏那個理是事物的所以然，物理就是吾性，格物然後可以至聖人，大小都當理會，以及多識前言往行等等主張都是相差很遠。程朱兩人的態度究竟誰較合理，我們姑且不談，無論如何，程氏始終是一個唯物的科學家，朱氏是一個唯心的倫理學家，那是可以武斷的了。

第五章　聖經和唐鑑

第一節　易經的理數問題

我們要研究中國的學術思想在西洋哲學還沒有輸入以前總離不開儒釋道三家的範圍。我們要研究中國儒家的思想，總是要以孔子的四書五經做一個討論的工具。我們在前面已經說過，我國儒家的學術思想自從南宋以後雖然在表面上分成三派：程氏，朱氏和陸氏；其實程氏一派確是儒家的正宗，至於朱氏實在是一個「儒化」的道家，陸氏實在是一個「儒化」的佛家。因此當我們單在研究程朱兩人見解異同的時候，我們立刻可以看出他們的各種主張雖然根本上完全不同，但是他們的根據在表面上還是離不開孔子的遺書。關於程朱兩人對於四書上種種根本原理所抱的種種不同的見解，我們在上面幾段文字中已經大概述到了，現在再讓我們看看他們兩人對於四書以外所謂五經的態度怎樣。

程氏對於五經的研究好像沒有朱氏那樣廣博，因此程氏所遺下的關於五經的著作亦就沒有朱氏那樣豐富。程氏關於五經的遺著要以易傳爲最完備，因此朱氏對於程氏的攻擊亦以易傳一書爲他最大的目標。此外如春秋，如詩，如禮，兩人的態度亦都是各不相同。至於書的一種，兩人卻都沒有十分露骨的表示。此地有一點卻值得我們的注意：這就是他們兩人都好像已經是離開了「經今古文」的門戶，各自另用一番獨立研究的工夫。「宋學」所以能夠在我國的學術史上佔一個很光榮的位置，而且所以能夠在比較的短期間產出這樣偉大的效果，這種前無古人另起爐灶的決心恐怕就是一個最重要的原因。現在讓我們把程朱兩人對於易，春秋，詩，和禮四經的態度約略分述如後。

程氏對於易的定義以為

「盡天理斯謂之易。」二程粹言卷一

他又說：

「易變易也，隨時變易以從道也。至微者理，至著者象；體用一源，顯微無間。故善學者求之必自近，易於近非知易者也。」二程粹言卷一

他此地以為易就是隨時變易以盡天理的意思。而他那「至微者理，至著者象，體用一源，顯微無間」四句話尤其足以表出他那一元哲學的精髓，為他的不朽的名言。

程氏對於易的一個根本主張就是易是說理的書，不是說象數的書。他說：

「命之曰易，便有理。若安排定，則更有甚理？天地陰陽之變，便如二扇磨，升降盈虛剛柔初未嘗停息，陽常盈，陰常虧，故便不齊。譬如磨既行，齒都不齊，既不齊便生出萬變。故物之不齊，物之情也。」二程遺書卷二上

這是說天地陰陽永遠的不齊，永遠的變化，這就是易的理，亦就是我們讀易時應該注意的理。

程氏既然主張易是說理的書，所以他反對用象數的見解去講他。有人問『易之義本起於數？』他回答說：

『有理而後有象，有象而後有數。易因象以明理，由象而知數。得其理而象數在其中矣。必欲窮象之隱微，盡數之毫忽，乃尋流逐末，術家之所向，管輅郭璞之流是也。非聖人之道也。』（二程粹言卷一）

他以為『理無形也，故因象以明理。理既見乎辭，則可以由辭而觀象，故曰：「得其理則象數舉矣。」』（二程粹言卷一）所以凡是窮象的隱微和盡數的毫忽的人都是尋流逐末的術家，不是聖人之道。程氏這種主理不主數的態度眞是非常的強硬非常的斬截。

程氏對於易的研究並且亦很是自負。他說：

『自孔子贊易之後，更無人會讀易。先儒不見於書者有則不可知，見於書者皆未盡。如王輔嗣，韓康伯只以莊老解之，是何道理？某於易傳殺曾下工夫。如學者見問，儘有可商量，書則未欲出之也。』（二程外書卷五）

他此地一方面說孔子以後再沒有人會讀易，一方面自稱於易傳殺曾下工夫。這可見程氏自己對於易傳這部書實在認爲精心研究的結果他當時又何嘗料得到朱氏竟會把他這部書駁得體無完膚呢？

現在讓我們細看朱氏怎樣把程氏的易傳駁得體無完膚。朱氏原來是一個道家對於象數當然非常的迷信，因此他對於易的見解竭力主張用數去解釋他，這和程氏主理的見解剛剛相反。朱氏既然生在程氏之後，當然只有他可以盡量的去攻擊程氏，而程氏卻只好到如今還被人家認爲一個不如弟子的先生。究竟朱氏的主數見解是否絕對可以起來代替程氏的主理見解，我們此地可以不必去代他們下一個斷語，不過程氏的見解卻亦有他的存在的理由，而且後來亦有不少的學者去附和他，這卻是一件歷史上的事實。

朱氏抨擊程氏易傳的文字我們可以把他分爲兩大類來敘述：總評和細評。我們現在先述總評。

朱氏主張用數去說易，這和程氏的主理完全不同，所以他對於「數學大家」邵雍的易極口的加以讚美。他說：

『某看康節易了，都看別人底不得。他說：「太極生兩儀，兩儀生四象。」又都無玄妙，只是從來更無人識。』（朱子全書卷五十三）

朱氏此地所稱讚的兩句話我們現在都已經認爲道家的口吻了，這亦足以證明朱氏根本上實在是一個道士。朱氏同時又引了一段故事來證實程氏說易不講象數的不妥。他說：

『林艾軒在行在，一日訪南軒，曰：「程先生語錄某卻看得，易傳看不得。」南軒曰：「何故？」林曰：「易有象數，伊川皆不言，何也？」南軒曰：「孔子說易不然。」』（朱子全書卷五十四）

他此地明借張栻的話來批評程氏不講象數有背孔子的本意。這是朱氏對易主張象數根本上和程氏不同，足以證明程朱說易不同的第一點。

朱氏對於程氏所下的易的定義亦極口的反對。他說：

『陰陽有相對而言者，如東陽西陰南陽北陰是也。有錯綜而言者，如晝夜寒暑，一箇橫一箇直是也。伊川言「易變易也」只說得相對底陰陽流轉而已，不說錯綜底陰陽交互之理。言

易須兼此二意。』朱子全書卷四十九

他此地以爲程氏所下『易變易也』四個字的定義只說到相對的陰陽流轉，沒有說到錯綜的陰陽交互。換句話說，就是程氏說易只知其一，不知其二。朱氏又說：

『「易變易也，隨時變易以從道。」正謂伊川這般說話難說。蓋他把這書硬定作人事之書。他說：「聖人作這書只爲世間人事本有許多變樣，所以作這書出來。」』朱子全書卷二十七

他此地以爲程氏所下『隨時變易以從道』的定義這般說話難說，因爲程氏硬把易定作人事之書的緣故。朱氏又說：

『程子論易有云：「理無形也，故假象以顯義。」此其所以破先儒膠固支離之失而開後學玩辭玩占之方則至矣。然觀其意又似直以易之取象無復有所自來，但如詩之比興，孟子之譬喻而已。如此則是說卦之作爲無所與於易，而「近取諸身遠取諸物」者亦剩語矣。故疑其說亦若有未盡者。』朱子全書卷二十六

他此地對於程氏所說的『理無形也故因象以明理』那兩句話以爲『其說亦若有未盡者。』

我們就上面幾段話看來，朱氏對於程氏所下的易的定義——易變易也，隨時變易以從道；理無形也，故因象以明理；——竟完全不肯贊同了。這是朱氏對於程氏易的定義不肯贊同，足以證明程朱說易不同的第二點。

朱氏既然在消極的一方面反對程氏不以象數去講易而且反對程氏對於易所下的定義的全部，他在積極的一方面又竭力批評程氏以理說易的不是。他說：

『程易所以推說得無窮，然非易本義也。先通得易本指後，道理儘無窮，推說不妨。若便以所推說者去解易，則失易之本指矣。』（朱子全書卷二十八）

他此地明說程氏以所推說者去解易實在不是易的本旨。朱氏又說：

『向見張敬夫及呂伯恭皆令學者專讀程傳，往往皆無所得。蓋程傳但觀其理，而不考卦畫經文，則其意味無窮，各有用處，誠爲切於日用工夫。但以卦畫經文考之，則不免有可疑者。』（朱子全書卷二十七）

他此地又明說程氏的易傳但觀其理而不考卦畫經文，所以讀者往往皆無所得。換句話說：就是程氏易傳說理太多，讀了無益。豈不是程氏的易傳是一本無用的書麽？有人問『伊川易說理太多？』朱氏回答說：

『伊川言「聖人有聖人用，賢人有賢人用。若一爻止作一事，則三百八十四爻止作三百八十四事也。」說得極好。然他解依舊是三百八十四爻止作得三百八十四事用也。』朱子全書卷二十七

他此地不但說程氏易傳說理太多，而且對於程氏很有以子之矛攻子之盾的意味。朱氏又說：

『伊川易傳無難看處。但此是先生以天下許多道理散入六十四卦三百八十四爻之中，將作易看，即無意味。須將來作事看，即句句字字有用處耳。』朱子全書卷二十七

他此地明說程氏以天下許多道理散入卦爻之中，當作易看，毫無意味。他又說：

『某嘗以謂易經本爲卜筮而作，皆因吉凶以示訓戒。故其言雖約而所包甚廣。夫子作傳亦略舉其一端以見凡例而已。然自諸儒分經合傳之後，學者便文取義，往往未及玩心全經，而遽執傳之一端以爲定說。於是一卦一爻僅爲一事，而易之爲用反有所局，而無以通天下之

故。若是者某蓋病之。』（朱子全書卷二十七）

他此地雖然沒有明指程氏，但是我們看他『一卦一爻僅爲一事，而易之爲用反有所局，而無以通天下之故。』這幾句話不暗指程氏這一派中人又指誰呢？朱氏又說：

『呂伯恭教人只得看伊川易，也不得致疑。某謂若如此看文字有甚精神？卻要我做甚？』（朱子全書卷二十七）

我們在這幾句話中不但可以看出朱氏排斥程氏易傳非常的具有決心，而且並亦可以看出浙東史學派的首領呂祖謙對於程氏傾倒的一斑。這是朱氏批評程氏易傳說理太多足以證明程朱說易不同的第三點。

朱氏不但竭力直接的排斥程氏的易傳，而且間接的不滿意於自己的易本義。這又是什麼緣故呢？他的門人說：

『朱子意不甚滿意於易本義。蓋其意只欲作卜筮用。而爲先儒說道理太多。終是翻這窠臼未盡。故不能不致遺恨云。』（朱子語類）

這是說朱氏因爲自己不能完全翻出程氏說理的窠臼，所以轉來致恨於自己的本義。他對於程氏易傳的痛心疾首的神情，就這一點上看眞是非常的顯著了。我們再看朱氏所作的易五贊中警學一篇所說的話更加明白。他說：

『在昔程氏，繼周紹孔。奥旨宏綱，星陳極拱。惟斯未啓，以俟後人。小人狂簡，敢述而申。』

朱氏此地竟大膽的把程氏易傳一筆抹殺了，獨說程氏對於易經完全『未啓』，不得不讓朱氏來『述而申』。我們在前面曾經說過程氏對於易傳很是自命不凡，認爲一種「殺曾下工夫」的著作，而且程氏遺著中要以易傳爲最完全最具體。現在朱氏竟以『惟斯未啓』四個字把這部書完全抹殺了。倘使朱氏的話果然不錯，那末不但程氏的易傳完全推翻，就是程氏在中國學術上的地位亦要根本搖動了。這是朱氏要想根本推翻程氏易傳足以證明程朱說易不同的第四點。

以上所述的四個不同的地方，足以證明程氏和朱氏對於易經的見解眞是完全背道而馳各趨一個極端。所以『明洪武初頒五經天下儒學，而易兼用程朱二氏，亦各自爲書。』（顧炎武日知錄卷一朱子周易本義）我們在此地固然不必再去模仿顧炎武認穿鑿圖象爲一種離經叛道的舉動。（日知錄卷一孔子論易）亦不必再去模仿萬斯同做一篇易說（羣書疑辨卷一）來痛責朱氏的說易爲『小視聖人而輕視易道，』叫我們要『以經爲主而無惑乎本義。』但是至少我們應該取紀昀的態度。紀氏在程氏易傳的提要中說：

『程頤不信邵子之數。故邵子以數言易而程子此傳則言理。一闡天道一切人事。蓋古人著書務抒所見而止，不妨各明一義。守門戶者必堅護師說，尺寸不容踰越，亦異乎先儒之本旨矣。』（四庫全書總目經部易類）

以上所述的都是朱氏對於程氏易傳的總評。此外朱氏對於程氏的易傳還有極詳細的分評。我們此地已經可以不必一一的列舉出來就可以知道朱氏對於易傳的分評決不會再有滿意的表示。我們爲節省篇幅起見，祇好把這許多分評合在一起敘述一下。

朱氏對於易傳不滿意的分評計有二十多條，包括約一十卦。他的評語就是『未盡，』『不是本意，』『未穩，』『未安，』『非也，』『要立議論教人可向別處說，不可硬配在易上，』『不可曉，』『此說雖巧，恐非本意，』『非是，』『承先儒之誤，』『說得太深，』『不分曉處甚多，』『說得未然，』『恐不如此，』等等的一類評語，眞是把程氏的易傳駁得體無完膚了。程氏是朱氏的前輩，早已死了，當然祇有讓朱氏一個人在那裏自由的抨擊，沒有法子可以回手。至於程氏是否受朱氏的委屈，我們應否代程氏申冤因爲這都不是這篇文章中應該研究的問題，我們此地本來可以不去討論他們。不過我們爲使得讀者得一個相當的觀念起見，特把清初的顧炎武和清末的皮錫瑞兩個人所說的話引在下面作爲本問題的一個結論。顧氏說：

『出入以度，无有師保，如臨父母，文王周公孔子之易也。希夷之圖，康節之書，道家之易也。自二子之學興，而空疏之人，迂怪之士，舉竄迹於其中，以爲易，而其易爲方術之書。於聖人寡過反身之學，去之遠矣。』（顧炎武日知錄卷一孔子論易）

皮氏說：

『孔子以易授商瞿，五傳而至田何，又三傳爲施讎，孟喜，梁邱賀，此易之正傳也。

『京房受易於焦延壽，託之孟氏，不與相同，多言卦氣占驗，此易之別傳也。

『鄭注言爻辰，虞注言納甲，不過各明一義，本旨不盡在此。鄭與荀爽皆費氏易，惟虞翻言家傳孟氏，而註引參同契，又言夢道士使吞三爻，則間本於道家。王弼亦費氏易，而旨近老氏，則亦涉道家矣。

『然諸儒雖近道家或用術數，猶未嘗駕其說於孔子之上也。宋道士陳摶，乃本太乙下行九宮之法作先天後天之圖，託伏羲文王之說而加之孔子之上。三傳得邵子而其說益昌。

『邵子精數學亦易之別傳，非必得於河洛。程子不信邵子之數，其識甚卓。易傳言理比王弼之近老氏者爲最純正。

『朱子以程子不言數，乃取河洛九圖冠於所作本義之首。於是宋元明言易者開卷卽說先天後天。不知圖是點畫，書是文字，故漢人以河圖爲八卦，洛書爲九疇。宋人所傳河圖洛書皆黑白點子，是只可稱圖，不可稱書。而乾南坤北之位，是乾爲君而北面朝其臣。此皆百喙不能解者。是以先天後天說易者皆無足觀。』（經學歷史八經學變古時代）

第二節　春秋詩禮的問題

關於程朱兩人對於易經的見解根本不同的地方我們在上面已經大略說明了，現在讓我們來看他們兩人對於春秋的意見又是怎樣。

程氏對於春秋的見解很有點今文家的臭味，把這部經看做「斷案」的書。有人問『孔子何為作春秋？』他回答說：

『由堯舜至於周文質損益其變極矣，其法詳矣。仲尼參酌其宜以為萬世王制之所折中焉。此作春秋之本意也。觀其告顏子為邦之道可見矣。』（二程粹言卷一）

這是說孔子作春秋的本意在於參酌上古的文質損益以備萬世王制的折衷。他又說：

『詩書易如律，春秋如斷案；詩書易如藥方，春秋如治法。』（二程外書卷九）

這是說春秋的性質如法律上的斷案和醫學上的治法。他又說：

『夫子刪詩，贊易，敘書，皆是載聖人之道，然未見聖人之用。故作春秋。春秋聖人之用也。如曰：「知我者其惟春秋乎？罪我者其惟春秋乎？」便是聖人用處。』（二程遺書卷二十三）

這是說春秋是一種明道的書。照上面所述的看來，程氏對於春秋的見解很有點偏於今文家的主張以為孔子在這書上寓有褒貶的意思。

朱子對於春秋的見解剛剛和程氏相反。他說：

『春秋只是直截當時之事，要見當時治亂興衰，非是於一字上定褒貶。』（朱子全書卷三十六）

此地所說『只是直截當時之事，非是於一字上定褒貶』的話，和程氏的主張正是針鋒相對。這是朱氏對於春秋的見解和程氏不同的第一個證據。

有人問朱氏『春秋胡文定之說如何？』他說：

『尋常亦不滿於胡說。且如解經不使道理明白，卻就其中多使故事，大與作時文答策相似。』（朱子全書卷三十六）

我們知道胡安國的春秋出於程氏，現在朱氏明說不能滿意，而且說他大與時文答策相似，這豈不是間接的抨擊程氏麼？這是朱氏對於春秋的見解和程氏不同的第二個證據。

此外程朱兩人對於春秋的見解不同還有一個事實上的證據。據紀昀說：

『明初定科舉之制，大略承元舊式，宗法程朱，而程子春秋傳僅成二卷，闕略太甚；朱子亦無成書。以胡安國之學出程氏，張洽之學出朱氏，故春秋定用二家。蓋重其淵源，不必定以其書也。』（四庫全書總目經部春秋類胡安國春秋傳提要）

紀氏此地所說的話不但可以絕對證明程朱兩人對於春秋的見解不同，而且我們並且因此或者可以推想元明以來大家所以把程朱兩人常常相提並論的緣故並不是因爲他們兩人的學說相同，實在是因爲他們兩人學說的相反了。

現在讓我們繼續討論程朱兩人對於詩的見解怎樣不同。我國學者對於詩的研究向來看做最成問題的一點就是毛詩中大小序的眞僞。原來我國的詩在西漢時有今古文的分別。今文的詩分爲魯齊韓三家，古文的詩只有毛氏的一家叫做毛詩。毛詩有二說：一說以爲子夏授高行子，四傳而至小毛公，就是毛萇；一說以爲子夏傳曾申五傳而至大毛公，就是毛亨。毛詩中的序有大序小序的分別。今文的三家詩後來逐漸失傳，只留下孤行的毛傳。東漢末造時鄭玄箋毛詩，於是我國說詩的人都尊崇毛鄭。北宋的歐陽修和蘇轍兩人開始懷疑毛詩的序以爲不可信。南宋的鄭樵著了一部詩傳辨妄，正式起來攻擊毛鄭。對於毛詩的小序攻擊尤其利害。從此我國說詩的學者乃分爲信毛反毛的兩大派。程氏就是信毛的一個人，朱氏則由一個信毛的人後來變爲一個反毛的人。

我們試看程氏怎樣尊信毛詩的大小序。程氏說：

他又說：

『詩大序孔子所爲，其文似繫辭，其義非子夏所能言也。小序國史所爲，非後世所能知也。』二程遺書卷二十四

『詩小序便是當時國史作。如當時不作，雖孔子亦不能知，况子夏乎？如大序則非聖人不能作。』二程遺書卷十九

他此地再三的說大序是孔子所作，小序是國史所作，態度非常的堅決。所以有人問『詩如何學？』程氏回答說：

『只在大序中求。詩之大序分明是聖人作此以教學者。』二程遺書卷十八

又有人問『小序何人作？』他回答說：

『序中分明言國史明乎得失之迹。蓋國史得詩於採詩之官，故知其得失之迹。如非國史，則何以知其所美所刺之人？使當時無小序，雖聖人亦辨不得。』二程遺書卷十八

我們看上面所述的話，可見程氏對於毛詩的大小序都深信不疑，這是漢代以來我國說詩的人的

正宗態度，沒有什麼驚人的地方。

至於朱氏對於詩序的態度曾經經過了一次變化，他在早年時代本和程氏一樣，深信毛鄭；後來他忽然變更態度加入鄭樵的一派反攻詩序。皮錫瑞說：

『朱子早年說詩亦主毛鄭，呂祖謙讀詩記引「朱氏曰」即朱子早年之說也。後見鄭樵之書，乃將大小序別爲一編而辨之，名詩序辨說。其集傳亦不主毛鄭，以鄭衛爲淫詩，且爲淫人自言。』（經學歷史八經學變古時代）

而且朱氏對於詩序的變態還有一個很有趣的原因。據紀昀說：

『朱子注易凡兩易稿。其初著之易傳，宋志著錄，今已散佚，不知其說之同異。注詩亦兩易稿。凡呂祖謙讀詩記所稱「朱氏曰」者，皆其初稿。其說全宗小序。後乃改從鄭樵之說，是爲今本。卷首自序作於淳熙四年，中無一語斥小序。蓋猶初稿序末稱「時方輯詩傳」是其證也。『其注孟子，以柏舟爲仁人不遇，作白鹿洞賦，以子衿爲刺學校之廢；周頌豐年篇小序辨說極言其誤，而集傳乃仍用小序說，前後不符，亦舊稿之刪改未盡者也。

一百六十四

『楊愼丹鉛錄謂文公因呂成公太尊小序，遂盡變其說。雖意度之詞，或亦不無所因與？自是以後，說詩者遂分攻序宗序兩家。角立相爭而終不能以偏廢。』（四庫全書總目經部詩類朱熹詩集傳提要）

如果楊愼的話果然不無所因，那末朱氏所以由宗序變爲攻序的原因好像是故意要和那位浙東史學首領呂祖謙立異。就這一點上看來，我們亦可以看到浙東史學家和程氏的見解大致相同，和朱氏的見解大部相反。而朱氏的晚年意見和程氏愈趨愈遠的地方，這一點亦可以做一個小小的旁證。

我們對於朱氏攻擊詩序的話不想多去贅述了。現在讓我們單引一段文字來結束我們這一個主題的討論。朱氏說：

『詩序實不足信。向見鄭漁仲有詩辨妄力詆詩序，其間言語太甚，以爲皆是村野妄人所作。始亦疑之，後來仔細看一兩篇，因質之史記國語，然後知詩序之果不足信。』（朱子語類卷八十）

我們現在既然明白程朱兩人完全不是屬於一家，所以朱氏卽使果然因爲故意要和呂祖謙鬧意氣的緣故反轉來去附和鄭樵而反對程氏，我們亦不必用『違反師說』那類陳腐的評語來加到朱氏的身上。

程朱兩人對於詩的見解完全不同的情形，我們在上面已經大略述過了，現在再讓我們看一看他們兩人對於三禮的意見怎樣。程氏對於禮一類書的見解差不多和他對於詩序的見解正相反對。他對於詩序絕對的尊信，而對於三禮卻很抱懷疑的態度。他對於周禮的意見以爲：

『周禮之書多訛闕，然周公致太平之法亦存焉。在學者審其是非而去取之爾。』二程粹言卷一

他又說：

『周禮不全是周公之禮法，亦有後世隨時添入者，亦有漢儒撰入者。』二程外書卷十

此地他以爲周禮固然包有周公的禮法，但是亦有後人和漢儒添入或撰入的地方。

至於禮記一書程氏以爲：

『禮記之文多謬誤者，儒行經解非聖人之言也。夏后氏郊鯀之篇皆未可據也。』二程粹言卷一

他又說：

『孟子論三代之學其名與王制所記不同，恐漢儒所記，未必是也。』二程遺書卷四一百六十六

此地他以爲禮記之文多謬誤，恐漢儒所記，非聖人之言。總而言之，程氏對於禮書顯然抱一種半信半疑的態度。

至於朱氏對於三禮的態度就不同了，他都加以深信。他說：

『大抵說制度之書惟周禮儀禮可信，禮記便不可深信。周禮畢竟出於一家。』朱子全書卷三十七

這是朱氏對於三禮的態度的大概。他以周禮和儀禮爲絕對的可信，禮記則不可深信。他又說：

『周禮胡氏父子以爲是王莽令劉歆撰，此恐不然。周禮是周公遺典也。』朱子全書卷三十七

他又說：

『今人不信周禮。若據某言卻不恁地。』朱子全書卷三十七

朱氏對於周禮這種深信不疑的態度眞是非常的堅決，這和程氏對於周禮半信半疑的態度完全不同。

朱氏對於儀禮和禮記以爲：

「儀禮禮之根本，而禮記乃其枝葉。禮記乃秦漢上下諸儒解釋儀禮之書，又有他說附益於其間。」（朱子全書卷三十八）

他此地對於儀禮完全相信，對於禮記好像有點懷疑。但是他曾經引過下面這幾句話：

「許順之說「人謂禮記是漢儒說，恐不然。」」（朱子全書卷三十七）

他所以引許氏這幾句話恐怕就是因為他的心裏隱隱在那裏表示贊同罷。無論怎樣，程朱兩人對於三禮的態度大不相同，這一點卻是無疑的了。

總而言之：程氏解釋易經主張用理，而朱氏獨主張用數；程氏對於春秋以為這是聖人斷案，而朱氏獨以為並無褒貶的意思；程氏對於詩序深信不疑，而朱氏獨攻擊很力；程氏對於三禮半信半疑，而朱氏獨表示深信。所以我們就程朱兩人對於聖經的態度看來，他們兩人學說的不同實在是涇渭分明，不是著者個人主觀的說法呢。

第三節　唐鑑的問題

我們此地還有一點可以附帶敘述的，就是程朱兩人對於范祖禹唐鑑那部書的意見完全不同。原來唐鑑中的議論大部分是程氏的意思。這是因爲：

「范淳夫嘗與伊川論唐事，乃爲唐鑑，盡用先生之論。先生謂門人曰「淳夫乃能相信如此！」」（二程外書卷十一）

後來程氏使人抄唐鑑，尹醇問他「此書如何？」程氏說：

「足以垂世。」（二程外書卷十二呂堅中記尹和靖語）

晁氏客語中又載：

「元祐中客有見伊川者，几案間無他書，惟印行唐鑑一部。先生曰「近方見此書，三代以後無此議論。」」（二程外書卷十二）

程氏此地對於唐鑑這部書一則說「足以垂世，」再則說「三代以後無此議論，」眞是推崇到了絕頂。所以後來浙東史學家呂祖謙曾經把這部書做過一番音注的工夫，而且常常勸人去讀他。

朱氏對於范氏這部書獨表不滿。他說：

「范淳夫純粹精神短。雖知尊敬程子，而於講學處欠缺。如唐鑑極好，讀之亦不無憾。」（朱子全書）

卷六十三

他又說：

「范淳夫論治道處極善，到說義理處卻有未精。」朱子全書卷六十三

朱氏此地對於范氏的書一則說「亦不無憾，」再則說「義理卻有未精。」這和程氏的見解大大的相反。這一點雖然不算重要，亦可以拿來做一個程朱分家的小旁證。

第六章　浙東學派的興起

第一節　程朱學說的總結

程朱兩人學說上種種不同的地方，我們在上面已經大致說明了。現在爲便利讀者得一簡括的概念起見，特把兩人學說的要點在此地再總結一下。

程氏主張萬物一理，沒有什麼大小、內外、本末、先後、遠近等等相對的關係，因此我們就用現代

通行的術語稱他爲一元的哲學家。他又主張物我一理，天人無二，不可以我們的心來處這個道理，因此我們又要稱他爲客觀的哲學家。他又主張下學而上達，極高明而道中庸，不可語高遺卑，語本舍末，因此我們又稱他爲唯物的哲學家。總括的說：程氏是一個一元的，客觀的，唯物的哲學家。

朱氏一方面亦主張萬物一理，但是他一方面又主張理必有對，對於體用、動靜、本末、先後等等相對的關係，一概認爲可以成立，因此我們就用現代通行的術語稱他爲「太極圖」式的二元的哲學家。他又主張人之一心萬理俱備，如同明鏡一樣能夠照見事物的是非，因此我們又要稱他爲主觀的哲學家。他又主張凡百事物都應該先本後末，先始後終，我們爲學做人都要以培養本原爲主，因此我們又要稱他爲唯心的哲學家。總括的話：朱氏是一個「太極圖」式的二元的，主觀的，唯心的哲學家。

程氏既然是一個一元的哲學家，所以他對於我國哲學上許多名詞——理、性、命、心、天、神、鬼、道、情、氣、等——都認爲同一個東西，叫我們不可隨文析義，求奇異之說。他對於性和氣亦以爲原來是同一樣東西，因爲我們說性既然只能說到生之謂性，不容說到人生而靜以上的性，那末性就是氣了。他對於已發未發亦以爲都就是中，我們既不可求中於未發之前，亦不可在未發前下一個靜字。他對於知和行亦以爲應該合一而尤重在行。他對於義利、善惡等等亦認爲沒有絕對的區別。

朱氏既然是一個「太極圖」式的二元的哲學家，所以他對於我國哲學上許多名詞要把他們一一分別開來，而以「太極圖」式的『心統性情』這句話來做他的中心思想。他對於性和氣亦要把他們分成天地之性和氣質之性兩種不同的東西。他對於已發未發亦以爲已發是「太極」的動，未發是「太極」的靜，我們倘使不求中於未發之前，未免缺少深潛純一之味。他對於知和行亦以爲應該先知而後行，倘使不知如何行得？他對於義利、是非等等亦都看做絕不相同的東西，而且主張我們在能夠辨別之前，應該先做本子。

程氏既然是一個客觀的哲學家，所以他主張凡是事物的理就是我們的性，我們只要格物就可以至於聖人，因此格物的工夫比誠意正心修身的工夫還要重要。朱氏既然是一個主觀的哲學家，所以他以爲求理於物無緒可尋，求理於心則有定體，因此我們必須先求放心再去格物。

程氏既然是一個唯物的哲學家，所以他的方法論主張持敬，所謂持敬就是集義，集義就是格物，格物就是窮理，窮理就是窮盡事物的所以然；因此我們只要把事物一件一件格去，積累多了，自然豁然貫通。朱氏既然是一個唯心的哲學家，所以他主張持敬和集義完全是兩段工夫，我們應該先做持敬的工夫，再去集議；所謂集義就是用我們的心去辨別事物的是非。總括的說，程氏的方法就是現代所謂客觀的歸納法，朱氏的方法就是現代所謂主觀的演繹法。

此外程朱兩人對於聖經和唐鑑的見解亦正大不相同：程氏說易主理，朱氏說易主數；程氏以春秋爲聖人斷案的書，朱氏以春秋爲直載當時之事；程氏說詩宗序，朱氏說詩反序；程氏對於三禮半信半疑，朱氏對於三禮大體相信；至於唐鑑這部書，程氏認爲足以垂世，朱氏以爲不無遺憾。最後程氏對於生死、鬼神、命數等等都一概不信，以爲物理上所必無；朱氏對於這種種世所有而未易去者皆信而存之。

以上所述的各節都是兩人學說的綱要。倘使讀者認著者的愚見爲不無一得的地方，那末程朱兩人根本不屬一家這句話，差不多就此可以成立了。

第二節　朱氏屬於道家的證明

我們在此地還有一個重要的問題不能不附帶的討論一下。著者在前面屢次大膽的說程氏是一個正宗的儒家朱氏是一個「儒化」的道家。這兩句話果然有相當的根據麽？著者覺得自己對於這個問題應該負起解答的責任。著者的愚見以爲程朱兩人在表面上旣然都明明自命爲儒家，而且我國自從南宋以來的學者亦都承認他們兩人爲儒家，所以當我們要說程氏是一個正宗的儒家，我們當然不必再要提出什麽證據。但是當我們要把朱氏從儒家門中提出來歸入道家的時候，我們卻負有一種舉證的責任。因此我們在此地就得把這一點再討論一下。

我們要證明朱氏是一個「儒化」的道家，著者的愚見以爲並不十分困難。因爲就著者的愚見所得的看來，朱氏本人對於我國的哲學好像只是做一種集大成的工夫，沒有什麽新奇的貢獻。所以我們只要就朱氏學說的師承上做一點溯源的工夫，我們就可以明白朱氏的學說究竟是屬於誰家了。

我們在緒論中曾經說過程氏生平對於邵雍的數學，周敦頤的「太極圖」和張載的性氣二元論都絕口不談；而朱氏對於這幾個人卻非常的傾倒。現在讓我們分別敘述一下。我們先討論邵雍。

程氏自己曾說和邵雍同里三十多年未嘗一字及數。這一點我們在上面已經提過。謝良佐亦說：

「堯夫精易，然二程不貴其術。」（宋元學案卷十百源學案下附錄）

而朱氏獨說：

「康節氣質本來清明，又養得純厚，又不曾枉用了心。他用心都在緊要上。為他靜極了，看得天下事理精明。」（同上）

朱氏既然這樣的崇拜邵雍，所以他一方面極端的讚美邵氏的數學加以深信，一方面亦傾心邵氏的先天卦位圖。黃百家對於這一點曾經發過下面這一段議論，他說：

「先天卦圖傳自方壺，謂創自伏皇。此即雲笈七籤中云「某經創自玉皇，」「某符傳自九天玄女，」固道家術士假託以高其說之常也。先生（此指邵雍）得之而不改其名，亦無足異。顧但可自成一說，聽其或存或沒於天地之間。乃朱子過於篤信，謂「程演周經，邵傳犧易，」綴入本義中，竟壓置於文彖周爻孔翼之首，則未免奉螟蛉為高曾矣。」（宋元學案卷十百源學案下）

照這樣看來，朱氏的以數說易，無非接受邵氏的道家言。這是朱氏屬於道家的第一個證據。

至於周敦頤的「太極圖」程氏絕口不談。黃百家說：

『豐道生謂「二程之稱胡安定必曰胡先生，不敢曰翼之。於周一則曰茂叔，再則曰茂叔。雖有吟風弄月之游，實非師事也。至於「太極圖」兩人生平俱未嘗一言道及。蓋明知爲異端，莫之齒也。」』（宋元學案卷十二濂溪學案）

程氏的儒家壁壘何等森嚴！至於朱氏對於太極圖說一方面全盤的接受下來。黃百家說：

『周子之作太極圖說，朱子特爲之注解，極其推崇。至謂「得千聖不傳之秘，孔子後一人而已。」』（宋元學案卷十二濂溪學案）

一方面又復多方面的代周氏竭力辯護，因此引起我國南宋以來學術思想史上最大的爭論——朱陸異同。這可見朱氏對於太極圖說迷信極深。其實朱氏本身的哲學差不多就只是一個「太極圖」的發揮。但是我們不要忘記「太極圖」原來是一個道家的主要的法寶。這一點當時的陸九淵就已經看到了，他寫信給朱氏說：

『朱子發謂「濂溪得「太極圖」於穆伯長，伯長之傳出於陳希夷。」其必有考。希夷之學老氏之學也。「無極」二字出於老子知其雄章，吾聖人之書所無有也。老氏首章言「無名天地之始，有名萬物之母，」而卒同之，此老氏宗旨也。「無極」而「太極，」卽是此旨。老氏學之不正，見理不明，所蔽在此。兄於此學用力之深，爲日之久，曾此之不能辨，何也？』（宋元學案卷十二濂溪學案附錄）

但是陸氏的話或者有人要疑心他爲有所偏而不足信，所以我們不能不再引一二個後代人所說的比較可靠的話。黃宗炎說：

『周子「太極圖」創自河上公，乃方士修鍊之術也，實與老莊之長生久視又屬旁門。老莊以虛無爲宗，無事爲用，方士以逆成丹，多所造作，去致虛靜篤遠矣。周子更爲「太極圖，」窮其本而反於老莊，可謂拾瓦礫而得精蘊。但綴說於圖而又冒爲易之「太極，」則不侔矣。』

所以黃氏認朱氏的推崇太極圖說爲『未免過於標榜。』（宋元學案卷十二濂溪學案黃百家案語引）全祖望亦說：

『周子之言其足以羽翼六經而大有功於後學者，莫粹於通書四十篇。而無極之眞原於道家者流，必非周子之作，斯則不易之論。正未可以表章於朱子而墨守之也。』（鮚埼亭集外編卷三十八周程學統論）

照這樣看來，周氏的太極圖說果然是道家的學說了，而朱氏竟全部的接受，多方的辯護。這是朱氏屬於道家的第二個證據。

至於張載這個人有人說他是二程的學生而程氏不肯承認。

『呂與叔作行狀，有「見二程盡棄其學」之語。伊川語和靖曰：「表叔平生議論，謂頤兄弟有同處則可。若謂學於頤兄弟則無是事。頃年屬與叔刪去之。不謂尚存。幾於無忌憚矣。」』（宋元學案卷十八橫渠學案下附錄）

全祖望謹案與叔其後卒改此語。這可見程氏對於張氏的學說始終不肯來負一種聯帶的責任。至於朱氏對於張氏那句「太極圖」式的話『心統性情』非常崇拜的地方，我們在上面已經提過了。朱氏對於張氏的性氣「二元」論尤其是贊成。他說：

『氣質之說始於張程，極有功於聖門，有補於後學。前此未曾說到。故張程之說立，則諸子之說泯矣。』（宋元學案卷十七橫渠學案上）

此地我們要知道二程兄弟雖然曾經提過氣質兩個字，但是他們始終沒有把一個性分成天地的和氣質的兩種。這一點我們在前面已經說過了。張氏的說法卻有點近於二元論，他說：

『形而後有氣質之性，善反之則天地之性存焉。故氣質之性，君子有弗性者焉。』（正蒙誠明篇第六）

因爲有『善反之』的說法，張氏並亦有成性的說法，他說：

『性未成則善惡混。故亹亹而繼善者斯爲善矣。惡盡去則善因以亡，故舍曰「善」而曰「成之者性」。』（同上）

張氏這個性氣二元論到了朱氏手中不但全部的接受，而且大加發揮，幾乎成爲南宋理學中唯一的最大的貢獻；同時亦成爲後代攻擊「宋學」的人唯一的最大的目標。但是楊開沅說：

『成性之說始於董子天人策。張子未能擺脫其說，亦氣質之性誤之也。氣質自氣質，如何云性？况氣質本無不善哉？』（宋元學案卷十七橫渠學案上）

我們知道現代我國的學者差不多都承認董仲舒爲道家者流，甚至有人叫他爲董道士。倘使楊氏的話果然不錯，那末張氏所唱的和朱氏所受的性氣二元論豈不亦是一種道家者言麼？這一點或者亦可以拿來當做朱氏屬於道家的第三個證據。無論如何，就朱氏的師承和他的學說本身看來，我們倘使武斷的說朱氏是一個「儒化」的道家，這句話恐怕亦算不得絕對沒有根據。

此外朱氏生平並亦深信神仙和陰陽五行等等道家的玄談，我們亦可以把他們拿來做一個小小的旁證。最後朱氏還有一件有趣的軼事，我們順便在此地提及一下看他怎樣和道家發生一種「和其光同其塵」的關係。據紀昀說朱氏曾經以「空同道士鄒訢」的寓名撰了一卷周易參同契考異。朱氏所以用寓名的緣故，紀氏以爲『殆以究心丹訣非儒者之本務，故託諸廋辭歟？』紀氏又說朱氏與蔡季通書中有下面幾句話：

『參同契更無縫隙，亦無心思量，但望他日爲劉安之鷄犬耳。』

朱氏竟想做劉安的鷄犬，殊令人驚異。紀氏卻代他辯護說：

『蓋遭逢世難，不得已而託諸神仙。殆與韓愈謫潮州時邀大顛同游之意相類。』（四庫全書總目子部道家類周易參同契考異提要）

紀氏是一個儒家，但是他對於朱氏竟能夠這樣的敦厚溫柔，眞可以令人佩服。著者因此不免自己感覺到這篇文章很有許多火氣未盡的地方，非常的慚愧，還要請讀者原諒。

第三節　南宋以後的三家

儒道佛三家在我國的文化上既然各有悠久的歷史，各有深固的根基當然不能以少數學者的力量和短期的時間去根本改變他們。因爲這個緣故，所以我們根據一般所謂「歷史的繼續性」的原則來說，我國數千年來儒道佛的三個大門決不能因爲有北宋末年幾個偉大學者的努力就會關閉了一個，只留下兩個。而且我們倘使把南宋以後朱陸兩派的學說加以研究，那末陸氏的學說固然足以代表一班「儒化」的佛家，而朱氏的學說卻不能代表正宗的儒家。這一點我們在前面已經屢次提及過，而且好像是已經證實的了。

因此著者的愚見以爲我們在此地應該代宋史的編纂者說幾句公道話。宋史的編纂者把宋代的學者分成道學和儒林兩大類究竟是否一種合理的辦法？我國的學者對於這種辦法到如今還有痛心疾首的人，以爲不應該如此。清初黃宗羲黃百家父子兩人對於這個問題尤其是熱心。百家說：

『十七史以來止有儒林。至宋史別立道學一門在儒林之前以處周程張邵朱張及程朱門人，以示降也。於是世之談學者動云周程張朱，而諸儒在所渺忽矣。

『先遺獻曰「以鄒魯之盛，司馬遷但言孔子世家，孔子弟子列傳，孟子列傳而已，未嘗加道學之名也。儒林亦爲傳經而設，以處夫不及爲弟子者，猶之傳孔子之弟子也。歷代因之，亦是此意。周程諸子道德雖盛，以視孔子則猶然在弟子之列，入之儒林，正甚允當。今無故而出之爲道學，在周程未必加重，而於大一統之義乖矣。通天地人曰儒，以魯國而止儒一人，儒之名目原自不輕。儒者成德之名，猶之曰賢也，聖也。道學者以道爲學，未成乎名也，猶之曰志於道。志道可以爲名乎？欲重而反輕，稱名而背義，此元人之陋也！」』（宋元學案卷二泰山學案黃百家案語）

此地黃宗羲的意思以爲道學的名義不妥，而且這種分類亦有乖學術大一統的意義。後來紀昀亦抱同樣的見解來代儒林中人抱不平，他說：

『宋史大旨以表章道學爲宗，餘事皆不甚措意，故舛謬不能殫數。』（四庫全書總目史部正史類宋史提要）

他又說：

『道學之譏儒林也，曰不聞道。儒林之譏道學也，曰不稽古。斷斷相持，至今未已。夫儒者窮研經義，始可斷理之是非；亦必博覽史書始可明事之得失。古云「博學反約，」不聞未博而先約。朱氏之學精矣，呂氏之學亦何可廢耶？」（四庫全書總目子部儒家類呂祖謙麗澤論說集錄提要）

此地紀昀似乎比黃宗羲的見解要高明一點，他似乎默認道儒可以分家，不過我們對於他們不宜有所軒輊。

到了章學誠，我們對於宋史的分道學儒林爲兩家才得到一個比紀昀還要正確的觀念。章氏說：

「道學儒林分爲二傳前人多訾議之：以謂吾道一貫，德行文學何非夫子所許，而分門別戶以啓爭端？此說非是。史家法度自學春秋據事直書。枝指不可斷而兀足不可伸，期於適如其事而已矣。

「儒術至宋而盛，儒學亦至宋而歧。道學諸傳人物實與儒林諸公迴然分別。自不得不如當日途轍分歧之實跡以載之。

「夫道學之名前人本無，則如畫馬自然不應有角。宋後忽有道學之名之事之宗風派別，則如畫麟安得但爲麐而角哉？如云吾道一貫，不當分別門戶；則德行文學之外，豈無言語政事？然則滑稽循吏亦可合於儒林傳乎？』（章氏遺書外編卷三丙辰劄記）

章氏此地以爲史家法度既然應該據事直書，南宋以後實際上既然確有道儒完全不同的兩派，那末宋史把他們分別出來完全是春秋的法度並無不合的地方。

就著者的愚見看來，宋史把道學和儒林分爲兩家，在理論上和魏書另立釋老一門的用意完全一樣，誠如章學誠所說的並沒有不合的地方。不過著者的愚見以爲宋史的缺點並不在於把儒道分爲兩家而在於不把佛家另立一個「釋氏傳」。因爲北宋末年的五大儒中除大小二程兄弟純屬儒家外，其餘周邵張三位的學說確是道家的成分居多，至於朱氏和他的門人更是如此。既然有這樣一班很出色的「儒化」的道家，當然應該把他們另歸一類中去，而道學兩個字又正是名實相符；不過不應該把程氏兄弟兩人亦混進去罷了。所以宋史分儒道爲兩家在著者的眼中看來，正是托克托等的一種特識。至於陸九淵的一派，我們大家既然都承認他爲「儒化」的佛家，就應該亦和道家一樣另歸一類，才是正當的辦法。因此著者對於黃宗羲那個大一統的說法固然不敢贊同，就是對於紀昀那種代儒家抱不平的態度和章學誠應該分爲兩家的辯護亦嫌他們還沒有澈底。簡單的說：著者的愚見以爲不但道學儒林可以分家，而且以爲此外並應有類似沙門的一類。

至於我國的學術思想在南宋以後亦分三家的話早已有人說過，並不是著者的創見。但是好像大家只知道朱熹是道家的領袖，陸九淵是佛家的領袖。至於浙東一派的領袖究竟是誰，到如今好像還是恍惚依稀，沒有定論。著者的愚見以爲現在我國學者所以始終不能指出誰是浙東學派的領袖，就是因爲他們還沒有發見誰是浙東學派的眞領袖。其實浙東學派的眞領袖既然不是金華人，亦不是永嘉人，實在是北宋末年遠居北方的小程子。因此我們在結束本文以前還有兩個小問題應該附帶的討論一下：第一個就是南宋以後我國的學術思想上是否仍舊是一個儒道佛三家鼎立的局面？第二個就是南宋的浙東學派是否就是北宋末年的小程子的嫡傳？現在讓我們先討論第一個問題。

南宋以後我國的學術思想確有三派，這一點恐怕要以淸代浙東的史學大家全祖望看得最淸楚。他說：

『宋乾淳以後學派分而爲三：朱學也，呂學也，陸學也。三家同時皆不甚合。朱學以格物致知，陸學以明心，呂學則兼取其長，而復以中原文獻之統潤色之。門庭徑路雖別，要其歸宿於聖人則一也。』（鮚埼亭集外編卷十六同谷三先生書院記）

全氏此地確認南宋以後我國的學派分而爲三，這確和事實相符。但是他說『朱學以致知格物，呂學則兼取其長，』這兩句話在著者的眼中看來好像有點倒置。至於他此地顯有推尊浙東永嘉學派的意思，這或者因爲他自己是一個永嘉學派的同志而且又是一個生長浙東的人，所以不免抱有一點微小的成見，亦未可知。不過全氏在他的名著宋元學案中卻另有幾句比較穩當的話。他說：

『楊文靖公四傳而得朱子，致廣大，盡精微，綜羅百代矣。江西之學，浙東永嘉之學，非不岸然，而終不能諱其偏。』（宋元學案卷四十八晦翁學案序）

全氏這一段話和前面那一段顯然有一點衝突的地方：前面說『呂學兼取其長，』而此地又說『朱子綜羅百代。』但是後面的見解好像比前面的成熟而且正確。我們此地不厭重複再來疏解一番。

我們在本文的緒論中已提及過：儒家重在道問學，佛家重在尊德性，而道家則自命爲能兼取兩家之長。我們現在試引陸九淵的話來做一個證明。陸氏說：

『朱元晦曾作書與學者云「陸子靜專以尊德性誨人，故游其門者多踐履之士。然於道問學處欠了。某教人豈不是道問學處多了些子。故游某之門者踐履多不及之。」觀此則是元晦欲去兩短合兩長。然吾以為不可。既不知尊德性，焉有所謂道問學？』（象山全集卷三十四語錄）

陸氏此地表明朱氏自以為能夠注重道問學，同時他又以佛家的態度攻擊朱氏不知尊德性的非是，這是很穩當的說法。因此黃宗羲亦誤以：

『陸九淵之學以尊德性為宗，朱熹之學以道問學為宗。』（宋元學案卷五十八象山學案）

黃氏這種看法實在只見到朱氏對付陸氏的一面，而沒有見到朱氏對付程氏的另一面。我們在前面亦已經屢次提及過朱氏的學說是一種「首鼠兩端」的學說；所以朱氏一人就備有兩副面孔，一副是用來對付佛家的儒家面孔，一副是用來對付儒家的佛家面孔，而他那本來的道家面孔反因此掩飾起來，使得我們或者完全忘記了他，或者看不清楚。所以上面陸九淵所描寫和黃宗羲所見到的只是一副朱氏用來對付佛家的儒家面孔。其實朱氏還有一副佛家的面孔用來對付儒家，關於這一點我們只要覆看上面關於一元二元，持敬集義，養心格物等等問題的討論中朱氏怎樣要培養本原，以及朱氏生平怎樣痛罵浙東學派爲舍本逐末，就可以明白了。王應麟說得好，他說：

『觀朱文公答項平甫書尊德性道問學之說未嘗不取陸氏之所長。』（宋元學案卷四十九晦翁學案附錄引困學紀聞）

所以陸九淵所說的『元晦欲去兩短合兩長，』固然是儒佛兩家的短長，但是陸氏好像沒有見到去取的結果就會形成了一個黑白分明的道家「太極圖」呵！

照上面所述的看來，全祖望所說江西浙東各得其偏，唯朱氏能綜羅百代，這幾句話確是極其中肯。不過全氏對於南宋以後的三派和三派的同異所見到的雖然非常卓越，但是此外還有兩點他好像沒有見到：這就是朱氏是一個「儒化」的道家，程氏學說的嫡傳流入南方變成浙東的史學。前一點我們在前面已經說明了，現在讓我們繼續討論後一點。

第四節　程氏學說的入浙

我們倘使果然斷定南宋以後我國的學術思想確是還有三家，而且朱氏和陸氏是道佛兩家的代表各成一派，那末程氏所代表的儒家又流到什麼地方去了呢？這是一個向來未曾有人提過的問題，著者在此地很冒昧的把他提出來而且大膽的想把他就在此地解答一下，當做這篇文章的餘論。

著者的愚見以爲在我國的文化史上要以浙東學派爲最有光彩，同時亦要以浙東學派的源流爲最不分明。我國的學術思想在南宋以前不成什麼系統，這一點我們在前面已經提及過了。在南宋以後雖然門戶大開，但是始終要以浙東這一派專究史學爲最有成績，最切實用；其他朱陸兩人所代表的道佛兩家都始終在玄談中或者主觀的論理中大翻筋斗。我們所以要說浙東學派爲最光彩，理由就是在此。但是浙東學派的流變到如今好像還沒有人能夠把他弄得很明白。例如全祖望這個人雖然是我國的一個最偉大的學術史家，但是他對於浙東學派有時叫他爲『浙學』宋元學案卷八十六東發學案序 有時又叫他爲『婺學』宋元學案卷六十說齋學案序 有時又叫他爲『永嘉之學』宋元學案卷四十八晦翁學案序 沒有一定的地點和名稱。至於誰是這一派的領袖，同是全祖望這個人有時說是永嘉的許景衡宋元學案卷三十二周許諸儒學案序 有時又說是永嘉的薛季宣了；宋元學案卷五十二艮齋學案序 同是紀昀這個人有時說是永嘉的周行己，（四庫全書總目集部別集類止齋文集提要）有時又說是金華的呂祖謙（四庫全書總目子部類書類永嘉八面鋒提要）此外並有人說是金華的唐仲友。（宋元學案卷六十說齋學案序）究竟領袖是誰，到如今好像還沒有論定。這是什麼緣故呢？著者的愚見以爲這是因爲全氏和紀氏好像都沒有見到浙東學派實在發源於程氏的緣故。

著者的愚見以爲所謂浙東學派實在就是程氏的嫡傳。我們要證實這個主張不能不把浙東學派的師承加以詳細的討論。

就著者研究所得的而論，「浙學」「婺學」和「永嘉之學」三個名詞都不很切當，因爲前一個太泛，後二個太偏。著者的愚見以爲章學誠所定的『浙東學術』（章氏遺書卷二）四個字比較的適當。著者的愚見又以爲南宋以來的浙東學者多專究史學，所以亦不妨稱爲「浙東的史學」。著者的愚見又以爲浙東史學的發展可以分爲兩個時期：第一期自南宋到明初，第二期自明末到現在。第一期有永嘉和金華兩大派，並由金華分出四明的一支。第二期中興於紹興而分爲寧波與紹興的兩派。本文所當敍述的在於程學的入浙，所以我們只能討論南宋時代浙東的永嘉和金華怎樣會傳入程氏的學說而成爲章學誠所說的『浙東專家，』（章氏遺書卷二浙東學術）其他的部分只好暫時從略。

現在讓我們來討論浙東學派的師承。南宋時代的浙東史學實際有永嘉和金華的兩支。而永嘉一支的起源比較金華一支爲早，他的承繼程氏的學說亦比較金華一支爲直接。清末孫詒讓曾經說過：

『宋元豐間作新學校，吾溫蔣太學元中，沈彬老躬行，劉左史安節，劉給諫安上，戴教授述，趙學錄煇，周博士行己及橫塘許忠簡公景衡，同游太學。以經明行備知名當世。自蔣趙張三先生外皆學於程門，得其傳以歸，教授鄉里。永嘉諸儒所謂「九先生」者也。』許景衡橫塘集跋

照孫氏所說，所謂永嘉『九先生』中竟有六個人——沈躬行，劉安節，劉安上，戴述，周行己，許景衡——『學於程門，得其傳以歸。』據全祖望所考，當時除上列六個人以外，還有鮑若雨，潘閔，和陳經正經邦兩兄弟都是『從程氏游』的人，宋元學案卷三十二周許諸儒學案這可見當時永嘉人從游程氏的爲數實在不少。

在許多永嘉的程門弟子裏面大概要以許景衡和周行己兩個人爲永嘉學派的主要的元勛，所以樓鑰說：

「伊洛之學，東南之士自龜山楊公時，建安游公酢之外，惟永嘉許公景衡，周公行己數公親見伊川先生，得其傳以歸。中興以來，言理性之學者宗永嘉。」止齋文集卷五十二陳傅良神道碑

我們根據樓氏這段話，差不多可以斷定南宋以來程氏的正宗學說，果然是傳入永嘉，爲當時理學的宗主。這是因爲樓氏是宋末的鄞縣人，「去古未遠，」說話當然比較的可信。

大概許周兩人對於程氏非常的崇拜。全祖望曾說：

「伊川講學，浙東之士從之者自許景衡始。」宋元學案卷三十二周許諸儒學案

可見浙東學派中永嘉一支的開山，當推許氏這個人。全祖望又說：

「周行己游太學時，新經之說方盛，而先生獨之西京從伊川游。持身堅苦，塊然一室，未嘗窺牖。」宋元學案卷三十二周許諸儒學案

周氏這樣堅苦卓絕的信仰程氏，眞不愧爲一個介紹程學入浙的健將。這幾個人都是北宋末年直傳程學輸入浙東的始祖。所以全祖望說：

「永嘉自九先生而後，伊川之學統在焉。其人才極盛。」鮚埼亭集卷三十一永嘉張氏古禮序

我們現在可以根據這幾句話來斷定程氏的學說果然在永嘉了。以上所述的可以說是永嘉學派的「草昧時代。」

到了南宋初年，永嘉學派幾乎衰歇了，幸而有鄭伯熊輩的繼起，發揮光大之後，竟造成了一個黃金時代。原來：

『紹興末，伊洛之學幾息。永嘉九先生之緒言且將衰歇。鄭伯熊與其弟伯英並起，首雕程氏書於閩中。由是永嘉之學宗鄭氏。乾淳之間，永嘉學者連袂成帷，然無不以先生兄弟爲渠率。呂成公尤重之。』宋元學案卷三十二周許諸儒學案鄭伯熊傳

我們此地有兩點可以注意：第一點鄭伯熊是周行己的門人，所以他是程氏的再傳弟子；第二點鄭伯熊中興永嘉學派的時候，『首雕程氏書於閩中。』這都可以證明永嘉學者非常熱心於程學的輸入。所以紀昀曾說：

『浙江通志稱鄭伯熊邃於經術。紹興末伊洛之學稍息，伯熊復出而振起之。劉壎隱居通義亦謂伯熊明見天理，篤信固守，言與行應。蓋永嘉之學自周行己倡於前，伯熊承於後，呂祖謙，

陳傅良、葉適等皆奉以爲宗。』（四庫全書總目書類鄭伯熊鄭敷文書說提要）

此地所說的『篤信固守言與行應，』都是程氏的態度亦是正宗儒家的態度。所以鄭伯熊可以說是南宋初年永嘉學派的第一個中興名將。

和鄭伯熊同時的還有一位永嘉學派的中興名將，這就是薛季宣這個人。清代孫衣言曾說：

『南北宋間吾鄉學派，元豐九先生昌之，鄭敷文薛右史賡之。敷文之學出於周博士行己，接鄉先生之傳。右史之學出於胡文定公安國。師法雖不同，而導源伊洛，流派則一。』

此地所謂鄭敷文就是鄭伯熊，所謂薛右史就是薛徽言。我們知道薛徽言本是胡文定公高第。（詳見宋元學案卷三十四武夷學案）孫衣言又繼續的說：

『敷文之學沒而無傳，右史之學傳於其子艮齋先生，稽核考索以求制作之原。甄綜道勢究極微眇，遂卓然自爲一家。其沒也止齋陳先生實傳其學。』（薛季宣浪語集序）

此地所謂艮齋先生就是薛季宣，止齋先生就是陳傅良。孫氏這後半段話有三點說得不對。第一點，鄭伯熊之學並沒有無傳，因爲陳傅良，陳亮，和葉適這班永嘉學派黃金時代中的健將都是他的門人。宋元學案卷三十二周許諸儒學案第二點，薛季宣所得的程氏學說不單是從他的父親那邊傳來。宋史本傳上說：

『薛季宣獲事袁溉。溉嘗從程頤學，盡以其學授之。』宋史儒林傳

陳傅良亦說：

『有隱君子袁溉道潔少學於河南程先生。湖湘間皆高仰道潔，公師事焉。』浪語集卷三十五薛季宣行狀

這可見薛季宣亦和鄭氏一樣是一個程氏的再傳弟子。第三點，陳傅良的業師決不止薛氏一個人。

紀昀說：

『永嘉鄭伯熊薛季宣皆以學行聞。伯熊於古人經制治法，討論尤精。陳傅良皆師事之，而得季宣之學爲多。及入太學，與廣漢張栻，東萊呂祖謙友善。祖謙爲言本朝文獻相承而主敬集義之功得於栻爲多。』四庫全書總目集部別集類止齋文集提要

全祖望亦說：

『陳止齋入太學，所得於東萊南軒爲多。然兩先生皆莫能以止齋爲及門。』鮚埼亭集外編卷四十四奉臨川先生二帖子

可見陳氏的業師至少有鄭伯熊，薛季宣，張栻和呂祖謙四個人。無論如何，薛季宣可以說是南宋初年永嘉學派中第二個中興的名將。

自從鄭伯熊和薛季宣中興永嘉的學派之後，在永嘉方面有陳傅良和葉適諸人的繼起，同時在金華方面又有呂祖謙陳亮和唐仲友三大頭的出現。於是浙東的學派乃達到一個黃金時代，而程氏的學說亦發揮而成爲我國文化史上一朵最燦爛的花——浙東的史學。

以上所述的都是永嘉一支的浙學怎樣在師承上承受程氏學說的情形。現在讓我們再述金華一支的浙學和程氏有什麼一種關係。

當鄭伯熊和薛季宣兩人中興永嘉學派時，金華亦忽有三大頭的出現：就是金華的呂祖謙，唐仲友，和永康的陳亮三個人。所以明初的楊維楨說：

「余聞婺學在宋有三氏：東萊氏以性學紹道統，說齋氏以經世立治術，龍川氏以皇帝王霸之略志事功。」（宋文憲公集序）

全祖望亦說：

『乾淳之際，婺學最盛。東萊兄弟以性命之學起，同甫以事功之學起，而說齋則為經制之學。考當時之為經制者無若永嘉諸子，其於東萊同甫皆互相討論，臭味契合。東萊尤能并包一切。而說齋獨不與諸子接，孤行其教。』（宋元學案卷六十說齋學案序）

此地全氏所說的東萊兄弟就是呂祖謙和呂祖儉，同甫就是陳亮，說齋就是唐仲友。我們此地應該注意的就是金華的三大頭和永嘉諸子『皆互相討論，臭味契合。』所以金華一支的學說的師承雖然不是和永嘉一樣都是直接上通於程氏，但是仍舊不失為程門的私淑弟子。我們試再引朱熹的話為證，朱氏說：

『伯恭之學合陳君舉陳同甫二人之學問而一之。永嘉之學理會制度，偏考究其小小者。唯君舉為其所長。若正則則渙無統紀。同甫則談論古今，說王說霸。伯恭則兼君舉同甫之所長。』（宋元學案卷五十一東萊學案附錄）

在朱氏這段話中我們有兩點可以注意：第一點就是朱氏亦承認金華之學和永嘉之學完全是同屬一家，第二點就是朱氏隱然要想推尊金華的呂祖謙來做一個浙東學派的集大成者，所以說他能夠兼陳傅良（號君舉）和陳亮兩人之所長因此紀昀就認以呂祖謙爲永嘉學派的首領他說：

『永嘉之學倡自呂祖謙和以葉適及陳傅良遂於南宋諸儒別爲一派。』四庫全書總目子部類書類永嘉八面鋒提要

不過紀氏這幾句話固然是出於誤會但是永嘉金華兩支學說間關係的非常密切卻是就此可見一班了。

我們現在試再把金華三大頭的師承分別討論一下。呂祖謙這個人雖然只是浙東史學中金華一支的一個首領但是他的學業成就的偉大好像在浙東學派中確如朱熹所說佔有一個集大成者的地位。所以全祖望亦說：

『朱張呂三賢同德同業未易軒輊。張呂早卒未見其止故集大成者歸朱耳。』宋元學案卷五十一東萊學案附錄

我們知道呂祖謙因爲體肥而死的時候年紀不過四十五歲。以他這樣一個天才竟會這樣的早死，眞是我國學術史上一件最可悲的事情，無怪朱熹和陸九淵諸人都要爲位而哭了。

呂祖謙的學說原來亦淵源於程氏。王崇炳說：

『婺州之學至何王金許而盛，而東萊呂成公首濬其源。蓋自其祖正獻公與涑水司馬公同朝，往來於河南二程間最契。滎陽公則受業二程之門。至於南渡，北方之學散而呂氏一家獨得中原文獻之傳。』重刻呂東萊文集敘。

此地所謂正獻公就是呂公著，公著生希哲就是所謂滎陽公。希哲生好向，好向生本中及弸中，弸中生大器，大器生祖謙。我們此地可以注意的就是呂希哲和呂本中兩人怎樣傳得程氏的學說。紀昀說：

『呂希哲少從焦千之，孫復石介學，又從二程子張子及王安石父子游。故其學問亦出入於數家之中，醇疵互見。朱子語類稱其學於程氏，意欲直造聖人。看其平生之力，乃反見佛與聖人合。』四庫全書總目子部雜家類呂氏雜記提要

此地紀氏說呂希哲的學問出入數家，醇疵互見而全祖望獨說：

『正獻相哲宗，先生徧交當世之學者。與伊川俱事胡安定。在太學並舍，年相若也。其後心服

伊川學問，首師事之。』宋元學案卷二十三滎陽學案本傳照這幾句話看來，呂希哲這個人不但和程氏同出於胡瑗，而且同時並亦受業於程氏了。那末所謂呂氏家傳的學問豈不亦就是胡程兩氏的一脈麽？

至於呂本中就是普通所謂大東萊先生，原是呂希哲的長孫，呂祖謙的伯祖。全祖望說：

『愚以爲先生之家學在多識前言往行以畜德。蓋自正獻以來所傳如此。原明（案即希哲的字）再傳而爲先生，雖歷登楊游尹之門，而所守者世傳也。先生再傳而爲伯恭，其所守者亦世傳也。故中原文獻之傳獨歸呂氏，其餘大儒弗及也。故愚別爲先生立一學案以上紹原明，下啓伯恭焉。』宋元學案卷三十六紫微學案案語

著者的愚見以爲全氏的話好像以爲呂氏自有一種傳家的學問，恐怕有點誤會。著者的愚見以爲呂希哲所傳得的學問既然『歸宿於程氏，集益之功至廣且大，』全祖望宋元學案卷二十三滎陽學案序而且他又曾經和程氏『俱事胡安定，』那末呂氏的世傳應該就是胡瑗和程頤的學說，不應該另有所謂『中原文獻之傳』。呂本中和他的從孫呂祖謙所承繼的亦都是同一種學問。無論如何，呂祖謙的學說

實在遠紹程氏，那是可以無疑的了。

至於陳亮的師承怎樣？全祖望說：

『永嘉以經制言事功皆推原以爲得統於程氏。永康則專言事功而無所承。』宋元學案卷五十六龍川學案序

黃百家亦附和全氏說：

『永嘉之學，薛鄭俱出自程子。是時陳同甫亮又崛興於永康，無所承接。然其爲學俱以讀書經濟爲事，嗤黜空疏隨人牙後談性命者以爲灰埃。亦遂爲世所忌，以爲此近於功利，俱目之爲「浙學」。』宋元學案卷五十六龍川學案

照這樣說來，陳亮好像是浙東學派中一個突起的人。但是據王梓材的意思以爲陳亮：

『祭鄭景望（卽伯熊）龍圖文稱之曰「吾鄭先生，」則先生亦在鄭氏之門矣。』宋元學案卷五十六龍川學案序注

而且全祖望在周許諸儒學案中亦把陳亮列入「景望門人」之中。如果王氏所說的話果然不錯，

那末不但陳亮的學說以上溯於程氏，就是全氏所說『永康無所承』的話亦不免自相矛盾了。無論如何，金華的呂祖謙，永嘉的薛季宣和葉適都是陳亮的講友，那卻是一件無可再疑的史實。

金華三大頭的身世都是很可悲嘆，呂祖謙死得很早，陳亮鬱鬱以終，而唐仲友的生前死後尤其被朱熹和朱熹的門人壓迫得無地可容。全祖望曾經說過幾句代唐氏呼寃的話，他說：

『唐台州說齋以經術史學負重名於乾淳間自爲朱子所糾，互相奏論，其力卒不勝朱子，而遂爲世所訾。方乾淳之學初起，說齋與禮經制本與東萊止齋齊名。其後浙東儒者絕口不及。蓋以其公事得罪憲府，而要人爲之左祖者遂以僞學詆朱子並其師友淵源而毀之。固宜諸公之割席，而要人之所以爲說齋者適以累之。可以爲天下後世任愛憎者戒也。』(唐說齋文鈔敘)

後來章學誠亦說過幾句持平的話，他說：

『唐仲友爲與朱子不協，元人修宋史乃至不爲立傳。門戶之風末流爲甚，於此見矣。宋文憲作唐氏補傳，公論終不泯也。但元修宋史而補周臣韓通，史家韙之。文憲躬修元史而不以唐

仲友補宋之缺。豈士大夫之門戶轉重於朝廷之忌諱歟？』章氏遺書外編卷四知非日札

我們知道宋濂所做的唐仲友補傳後來亦竟亡去，到了清代中葉後金華的張作楠做了一篇集句體的補宋潛溪唐仲友補傳。七八百年來的一場寃獄總算到此大白於天下。關於朱唐交鬨的經過和雙方的是非，我們此地不能詳述，應該請讀者自己去讀張作楠那篇補補傳。

不過在此地我們有一點應該注意，這就是唐仲友的著作差不多被朱氏一派中人毀滅殆盡了，所以我們現在要研究唐氏的師承比較別家爲困難。張作楠在唐說齋先生文鈔序中曾說：

『蘇平仲云「說齋著述因爲朱子所排，皆澌滅不存。」朱竹垞云「林黃中唐與政皆博通經學，一糾朱子，一爲朱子所糾，所著經說學者遂置而不問。」戚雪崖云「君子不以人廢言。若唐與政以帝王經世之學雄視一時，其文要亦不可盡沒其善。今悉從擯棄，非惑歟？」』

我們以現代人的眼光去看唐氏著作的澌滅，不能不說是我國學術史上一個很慘的悲劇和我國學術上一種很大的損失。全祖望說：

『說齋獨不[illegible]行其教。試以艮齋止齋水心諸集考之，皆無往復文字。水心僅一及

其姓名耳。至於東萊既同里，又皆講學於東陽，絕口不及之，可怪也。將無說齋素孤僻，不肯寄人籬落耶?』宋元學案卷六十說齋學案序

這恐怕或者因為當時浙東學者都怕朱氏的氣焰不敢和唐氏往來，或者雖有往復文字的留存亦被後世朱派中人所删削，如金華吳正傳不載唐氏於敬鄉錄一樣，亦未可知。

不過我們對於唐氏的師承雖然已不可考，但是黃宗羲曾經說過下面這幾句話，他說：

『唐說齋創為經制之學，繭絲牛毛，舉三代已委之芻狗，以求文武周公成康之心，而欲推行之於當世。薛士隆陳君舉和齊斟酌之，為說不皆與唐氏合，其源流則同也。故雖以朱子之力而不能使其學不傳。此尚論者所當究心者也。』南雷文集卷二學禮質疑序

就此可見唐氏和永嘉學派的健將薛季宣陳傅良輩源流相同。全祖望雖然不贊成黃宗羲『永嘉諸子實與先生和齊斟酌』的說法，但是他不能不斷言：

『永嘉諸先生講學時，最同調者說齋唐氏也。』宋元學案卷六十說齋學案序

我們倘使再去讀唐氏的九經發題和張作楠的跋，那末唐氏顯然是一個程氏的私淑弟子。我們幸

而已經證明程朱兩人並不是同屬一家。否則以私淑程氏自命的朱氏竟會把眞正私淑程氏的唐氏壓迫到這樣一個永不超生的地步，恐怕朱氏在夜深人靜的時候亦不免要汗流浹背感到沒有面目可以見程氏於地下了。

以上所述的都是浙東學派中金華一支的三大首領怎樣承繼或者私淑程氏學說的情形。

總而言之：浙東的學派在南宋初期分爲永嘉和金華兩大支。永嘉一支創始於許景衡和周行己諸人而中興於鄭伯熊和薛季宣；至於金華一支的蔚起剛剛在永嘉一支中興的時候，而以呂祖謙，陳亮和唐仲友三個人爲首領。這兩支中人都是直接或者間接承繼程氏的學說。所以浙東的學派實在就是程氏學說的主流，在南宋時代和朱陸兩家成一個鼎足三分的局面。

至於永嘉一支中興之後產出一個偉大的陳傅良，他那雍容大雅的氣度幾乎和金華的呂祖謙相彷彿；金華一支三家崛起之後產出一個呂祖儉，他把金華的史學第一次傳到四明去；這都是我們研究浙東學術時必須注意的史蹟。不過在本文中我們的目的既然只是在於討論程氏的學說怎樣傳入浙東，所以我們對於這許多有趣的而且重要的問題都只好存而不論了。

至於浙東學派中人怎樣把程氏的學說演成經制之學和史學，朱氏一派怎樣把浙東的學派目爲功利之學當時的浙東學派中人怎樣代自己辯護，明代的宋濂，清代的黃宗羲黃百家全祖望，紀昀，張作楠諸人怎樣代浙東學派申寃這種種問題都應該讓研究浙東學派的人去討論，我們在此地亦都只好存而不論了。

著者做完這篇潦草的文章之後不免發生一種不很樂觀的感想，這就是中國學術思想的內容好像不十分充實。道家的「無，」佛家的「空，」陳義都雖然很高但是都不免過於消極了，不能適合現代的生活。至於儒家的學說雖然比較的積極，但是自從南宋以來好像只發展到注意史學爲止，不能跳出故紙堆的範圍，再進一步去研究自然科學和史學以外的社會科學。所以著者的愚見以爲在現代的世界我們倘使單去提倡國學來救國家和民族恐怕有點不夠。我們倘使眞抱救國救民的宏願恐怕非從努力介紹西洋各種自然科學和社會科學入手不行。當著者着手做這篇文章的時候，他的確得着許多友人的教益，就中尤以胡適之、胡樸安、傅緯平、錢經宇、王伯祥、周予同幾位先生的指導爲最多；因此他不能不在全文結束時對於他們這幾位表示一點感謝的意思。

中華民國二十一年十二月初版

國學小叢書 浙東學派溯源一冊 (一〇〇九五)

每冊定價大洋伍角伍分
外埠酌加運費匯費

編著者 何炳松

編輯主幹 王雲五

發行人 王雲五 上海河南路

印刷者 商務印書館 上海河南路

發行所 商務印書館 上海及各埠

(本書校對者滕秉全)